일러두기

◦ 일부 표현은 구어체의 입말을 살리기 위해 고치지 않았습니다.
◦ 책 제목은 《 》로, 노래 제목은 〈 〉로 표기했습니다.

난생처음 운전
운전은 평생 못 할 줄 알았는데

김진경 지음

티라미수
THE BOOK

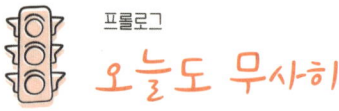
프롤로그
오늘도 무사히

어릴 적 우리 집 안방에는 액자가 하나 걸려 있었다. 어두운 배경에 하얀 옷을 입은 소녀가 무릎을 꿇은 채 두 손을 모아 간절히 기도하는 모습이었다. 소녀의 옆에는 근엄한 궁서체로 '오늘도 무사히'라고 적혀 있었다. 나는 그 그림이 조금 무서웠다. 지나치게 간절해 보여서 섬뜩한 느낌마저 들었다. 하루를 무사히 보내는 게 대체 얼마나 어려운 일이기에 저렇게 기도하는 걸까?

그림 제목이 '소녀의 기도'임은 성인이 돼서야 알았다. 운전자의 무사고를 기원하는 의미로 많이 쓰였다는 것도. 우리 집도 운전을 업으로 하는 아빠의 안전을 기원하며 그 그림을 안방에 걸었을 것이다. 아빠는 우편차를 모는 기능직 공무원이었다. 낮 동안 모인 우편물을 큰 트럭에 싣고 새벽 시간에 서울을 비롯한 다른 도시들로 옮겼다. 날씨가 궂으면 엄마의 걱정이 이어졌고, 아빠가 무사히 도착해서야 집에 온기가 돌았다.

낮과 밤이 바뀐 생활은 사람을 지치게 했지만 아빠에게 운전은 꽤 적성에 맞는 일이었다. 아빠는 장거리 운전도 거뜬히 하고, 운전을 즐겼다. 시선을 멀리 두고, 서두르지 않고, 앞차와 간격을 유지하는 등 몇 가지 주의 사항만 잘 지키면 안전하게 다닐 수 있다고 했다. 운전 덕분에 아빠는 칼바람 불던 IMF도 무사히 넘기고, 정년을 채운 뒤 우체국을 퇴직했다.

아빠를 닮았으면 나도 운전을 잘할 텐데 그쪽으로는 안 닮은 것 같다. 면허를 따고도 운전이 무서워 7년이나 묵혀뒀다. 그러다 서른일곱에서야 난생처음 운전을 시작했다. 대중교통이 없다시피 한 신도시로 이사 오면서 내린 어쩔 수 없는 선택이었다. 시작은 했으나 운전의 즐거움보다 두려움이 컸다. 남들은 자연스럽게 다니는 길에서 혼자 버벅댈 때나 주차하기 사나운 곳을 가는 날에는 도로의 애물단지가 되어 민폐를 끼친다는 생각이 들었다. 언제쯤 나도 콧노래 부르며 운전대를 잡을까, 내비게이션이 들리는 날이 오긴 할까. 어디든 두려움 없이 가는 고수를 꿈꿨지만 늘지 않는 운전 실력 탓에 그 꿈은 요원해 보였다. 지금이라도 포기하고 지구 환경을 위한다는 명분을 대며 대중교통을 이용할까도 생각해 봤다.

하지만 덜컥 산 첫 차를 처분할 방법도 마땅찮고, 주변에 뱉어 놓은 말("엄마, 이제 내 차 타고 병원 가자", "여보, 술 마시면 전화해. 내가 데리러 갈게", "엄마가 운전하는 차 타고 마트 가자", "친구들아, 나 이제 운전한다")이 있어 울며 겨자 먹기로 운전했다. 그랬더니 신기하게도 매일 조금씩, 미세하게 나아졌다. 왕초보 시절 다니던 길을 얼마 전 다시 갔는데 이렇게 수월한 길이 그땐 왜 그렇게 어려웠을까 싶었다.

이런 말을 한다고 내가 운전 고수는 아니다. 아주 조금 나아졌을 뿐 요즘도 가끔 울고 싶을 때가 있다. 하지만 그때마다 정신을 바짝 차린다. '아직 울 때 아니야, 지금 울면 안 돼, 주차하고 울어야 돼!' 운전해서 나왔으면 목적지에 차를 세우고 내비게이션의 '안내 종료'를 눌러야 진정한 여정이 끝나는 것이다.

잘 구획된 신도시를 떠나 지금은 논두렁과 밭두렁을 옆에 두고 달리는 곳으로 이사 와 살고 있다. 여전히 갈 길은 멀지만 시동을 켜며 주문처럼 외친다.

오늘도 무사히!

(차례)

프롤로그 오늘도 무사히 · 4

1장 운전은 평생 못 할 줄 알았는데

서른일곱에 시작한 운전 · 13
운전을 책으로 배운 사람 · 18
길치가 운전하면 · 23
도로에서 만난 다정한 배려 · 28
비상등으로 말해요 · 33
좌회전을 하라는 거야, 말라는 거야 · 39
주차 자리 찾다가 벤츠를 박을 뻔했다 · 44
언제, 어디서든 숄더 체크 · 49
셀프 주유와 세차 기계 · 54
탈출 '초보 운전' · 60
혼자 친정에 내려간 날 · 65
고속버스터미널을 왜 못 가니 · 72

2장 우리는 함께 차를 타고

엄마의 빨간 티코 · 81
남편의 파란색 첫 차 · 85
아마도, 아빠의 마지막 차 · 91
세 번의 중고차와 한 번의 신차 · 96
처음이자 마지막 우정 여행 · 101

남편이 아프면 · 106
그 옛날의 라이딩 · 112
캠핑카를 타고 온 친구 · 117
뒷자리 승객의 대화를 엿들으며 · 122
아빠 내비게이션 · 126
첫 딱지의 현장 · 132
엄마, 뒤에 타 · 137
우리는 함께 차를 타고 · 142

3장 고수는 아니지만

아이의 덕질을 위하여 · 151
다시 초보로 · 158
6개월 만에 온 연락 · 164
차계부를 쓰다 · 170
둘은 내 것인데, 하나는 누구의 것인가? · 176
후진은 창문 내리고 · 182
울면서 하는 운전 · 186
야외 주차의 애환 · 191
경계석을 들이받은 첫 사고 · 196
일주일을 뚜벅이로 살아 보니 · 203
밤 운전은 피하고 싶지만 · 209
빨간 스포츠카의 유혹 · 214

에필로그 그날의 운전을 복기하며 · 219

1장

운전은 평생 못 할 줄 알았는데

운전하게 된 뒤
내가 진짜 어른이 되었다고 느꼈다.

일도 하고, 결혼도 하고,
아이도 낳아 키우지만
내가 못 하는 단 하나가 바로 '운전'이었기 때문이다.

서른일곱에 시작한 운전

첫 차 구매는 신중하지 못했다. 우유부단한 나는 몇 달간 중고차 사이트를 보며 "운전 시작해야 하는데", "더는 미룰 수 없는데" 하는 한탄만 했다. 그런 나를 보고 남편은 근처의 중고차 판매장을 검색해 오늘 바로 가 보자고 했다. "필요하긴 한데 차를 당장 살 건 아니야"라는 내 만류에도 불구하고 구경이라도 하자며 등을 떠밀었다. 결국 그날 처음 들어간 매장에서 덜컥 차를 샀다.

중고차 사이트를 수시로 드나들며 내가 정해 놓은 모델은 풀 옵션 경차였다. 남편은 어차피 초보라 여기저기 긁을 텐데 풀 옵션까지 필요가 있느냐고 물었지만 내 대답은 단호했다. 운전을 잘하지 못하니 후방 카메라는 필수요, 차선 이탈 경보도 있으면 좋겠고, 장 보고 올 때 짐이 무거우니 스마트키도 필요하다. 다만 나도 양심이 있으니 선루프는 양보하겠노라 선언했다. 결국 1년 반 뒤에 차를 팔 때까지도 장착된 옵션을 다 써보지 못한, '왕초보'인 내게는 과분한 풀 옵션 차를 갖게 됐다.

서울에 살 때는 운전을 안 해도 크게 불편하지 않았다. 아이 병원도 걸어갈 수 있었고 집 앞에는 큰 슈퍼가 있었다. 대중교통이 촘촘하게 잘되어있고 택시도 많았다. 차 타고 나갈 일이 있으면 주말에 남편과 함께 갔다. 운전이 간절하지 않았기에 두 번째 회사로 이직 전 쉬는 기간에 딴 면허를 7년 동안 묵혀두었다.

그러다 남편의 사무실과 가까운 경기도 하남의 한 아파트로 이사했다. 개발이 한창인 신도시여서 버스 노선이 한 개, 두 개였고 그마저 배차 간격이 짧으면 40분, 길면 한 시간 반이었다. 근처에 변변한 슈퍼도 없었기에 마트에 가려면 차를 타고 나가야 했다. 마트조차도 매번 남편에게 의지해 가야 하는 상황은 사람을 위축되게 했다. 이곳으로 이사 온 뒤 6개월 동안 외면하던 여러 불편함을 더 이상 피할 수 없었다.

엉겁결에 산, 눈처럼 하얗게 빛나는 작은 차로 나는 동네를 신나게 다녔다. 세탁 세제, 생수, 주스 등 들고 오기 무거워서 사기 꺼렸던 액체류도 망설이지 않고 골라 자랑스레 트렁크에 싣고 왔다. 차는 작아도 주로 혼자 타고 다녔으므로 수납공간이 부족하지 않았다. 옆 동네에서 아이 장난감을 중고 거래하고, 도서관에서 책을 빌리고, 우체국에 가서 택배도 보냈다. 서서히 나는 신도시의 총아가 됐다.

당시 세 살이던 아이는 아빠가 운전하는 것만 보다가 엄마가 운전하는 차를 생전 처음 타고는 놀란 눈치였다. 항상 자기와 함께 뒷자리에 있던 엄마가 운전석에 앉는 걸 보더니 고개를 갸웃했다. "엄마도 운전할 수 있어. 이제 마트 갈 때 엄마 차 타고 가는 거야." 비록 10분, 15분 거리의 짧은 이동이지만 아이를 태울 수 있어 기뻤다. 아이가 안 탈 때도 뒷자리에 장착된 카시트를 보면 마음이 든든했다. 아이가 갑자기 아파도 내가 운전해서 병원에 가면 되니 남편이 없다고 마음 졸이지 않아도 됐다.

반면 남편은 본인의 기대와 달리 나의 운전으로 크게

덕을 보지 못했다. 혹시나 술을 마셔서 운전을 못 하게 되면 내가 데리러 가겠노라 호언장담했으나 이뤄지지 않았다. 첫째, 남편은 술 약속 자체가 거의 없다. 기회를 주지 않는 양반이다. 둘째, 초저녁에 잠드는 아이가 있어 저녁에 나갈 수 없다. 잠든 아이를 깨워서 차에 태우고 갈 만큼 급박한 상황은 없었다. 그래도 1년 반 동안 집에서 15분 거리에 있던 남편의 사무실에 세 번 정도는 운전해서 간 것 같다. 너무 드문드문 가다 보니 입구가 헷갈려서 남편이 항상 큰길까지 마중 나왔다. 그 당시 강동대로를 비실대며 달리는 하얀색 경차를 봤다면 아마 나였을 것이다.

서울에 계속 있었다면 운전은 시작조차 하지 않았을 테다. 아이를 낳고 신도시로 이사 오면서 여러 계기가 생겨 차를 사고 운전한 것이 결과적으로 잘된 일이었다. 할 수 있는 일이 늘고 행동반경이 넓어졌다. 운전하게 된 뒤 내가 진짜 어른이 되었다고 느꼈다. 일도 하고, 결혼도 하고, 아이도 낳아 키우지만 내가 못 하는 단 하나가 바로 '운전'이었기 때문이다. 운전을 못 한다는 이유로 스스로 움츠러들었던 수많은 날이 떠올랐다. 이 좋은 걸 왜 안 했을까. 늦었다는 생각이 들지만 지금이라도 시작해서 다행이라고 나 자신을 격려했다. 마침내 내 인생에서 가장 큰 콤플렉스가 사라졌다.

운전을 책으로 배운 사람

운전에 앞서 두 시간씩 다섯 번, 총 열 시간의 연수를 받았다. 면허를 딴 지는 어언 7년이 지나서 시동 켜는 법부터 다시 배워야 했다. 브레이크를 밟고 사이드브레이크를 내리기처럼 가장 기본적인 것부터 반복했다. 부끄럽게도 액셀과 브레이크의 위치가 헷갈려서 시작부터 애를 먹었다.

"선생님, 왼쪽이 브레이크인가요? 아니, 오른쪽인가요?"

갈피를 잡지 못하는 발을 대시보드 아래에 두고 급히 선생님께 물었다. 면허만 따놓고 그 뒤로 운전을 안 했더니 머릿속은 백지였다. 슬며시 째려보는 듯했던 선생님의 눈길을 기억한다. 선생님은 그 질문 하나에 내 상태를 파악한 것인지 차근차근 기초부터 알려주었다.

긴장감과 부담감 속에 열 시간의 연수가 끝났다. 마지막 날에는 첫날에 비해 몸에 힘이 덜 들어가고 주위도 조금씩 살필 수 있었다. 당시 우리 집에서 잠실은 차로 20분 내외 거리였는데 선생님은 "당장 잠실 가도 되겠네"라고 칭찬하셨다. 물론 내비게이션 보는 법을 익히고, 차선 변경은 급하게 하지 말고, 신호를 잘 보고 등등 여러 단서가 달렸지만.

매일 조금이라도 차를 타고 나가서 실전 감각을 익히는 게 중요하다기에 남편을 태우고 나갔다. 주차장을 나서자마자 덜컹거리는 내 운전을 본 남편의 폭풍 한숨으로 냉랭한 기운만 가득 품은 채 집으로 돌아왔다. 돈 내고 하는 연수는 이미 받았고, 남편에게 배우자니 운전 때문에 앙숙이 될 것 같았다. 그렇다면 누구에게 물어본단 말인가.

나 같은 사람이 많아서인지 다행히 정보를 얻을 곳이 꽤 있었다. 나는 그중에서 책, 유튜브, 초보 운전 카페를 활용했다. 뭐든지 책에서 정보를 얻는 사람이라서 초보 운전자를 위한 책부터 주문했다. 운전을 어떻게 책으로 배우냐고 생각할 수 있지만 나는 언제나 활자로 정리된 쪽이 편했다. 춤도 종이에 적어 가며 외우는 사람이라 그럴까. 이번에도 책 속에서 내가 궁금해하던 정보를 찾을 수 있었다. 나온 지 10년 가까이 돼서 지금과 다른 부분도 있었지만 기본적인 내용은 같았다. 사이드미러를 보면서 다른 차들과의 거리 가늠하기, 고속도로 진출입 시 유의 사항, 주차하기와 같이 초보자에게 중요한 내용이 잘 정리되어 있었다. 형광펜으로 밑줄을 그어가며 열심히 읽었다.

책과 더불어 유튜브와 인터넷 카페도 활용했다. 운전을 가르쳐주는 채널이 많아서 그중 몇 개를 선택했다. 나처럼 운전을 시작하는 사람이 연수받는 내용도 있었고, 선생님이 직접 운전하며 알려주는 영상도 있었다. 나는 주로 주행 중 자연스럽게 끼어드는 법이나 주차하는 방법을 봤다. 초보 운전 카페에도 가입했다. 모두 같은 처지라 그런지 서로 응원하는 글이 많았다. 초보 운전 카페에서는 운전에 관한 정보만 주고받는 게 아니었다. 얼굴도 모르는 사람들에게 동지 의식을 느끼고 따뜻한 위안도 받았다.

책과 유튜브, 초보 운전 카페와 함께 실생활에서 도움을 받은 물건이 있다. 남편의 지인이 물려준 앙증맞은 자동차다. 아이를 태우고 자동차에 길게 뻗어 있는 손잡이를 뒤에서 미는 유아용 장난감이었다. 아이는 이 빨간 자동차에 푹 빠져버렸다. 어린이집에 등·하원할 때는 물론이고 놀이터에 가거나 동네를 산책할 때도 매일 이 자동차와 함께했다. 아이를 태우고 뒤에서 미는 건 내 몫이었는데 앞바퀴만 회전하고, 뒷바퀴는 각도가 고정인 것이 자동차와 같았다.

집에서 아이의 미니카 장난감으로 주차 연습을 했지만 뒷바퀴는 회전하지 않는다는 사실을 종종 잊어버리고 내 마음대로 움직였다. 그때마다 남편은 "실제 자동차는 그렇게 되지 않아"라며 내가 힘으로 움직여 놓은 장난감을 원래 자리로 되돌려 놨다. 바퀴가 눈에 잘 보이지도 않는 쪼끄만 장난감이다 보니 그 말이 이해가 안 갔다. 반면 빨간 자동차는 크기가 커서 손잡이를 돌리면 바퀴가 어떻게 돌아가는지 잘 보였다. 특히 후진할 때 핸들을 어느 방향으로 돌릴지 몰라 틈만 나면 물고기처럼 이쪽저쪽으로 퍼덕이곤 했는데 그게 많이 나아졌다. 왼쪽으로 후진하면서 들어가고 싶으면 핸들을 왼쪽으로 돌리면 되는 거였다!

  이 모든 정보를 조합해 나는 매일 마트로 출근했다. 남편은 똑같은 곳만 가면 어떡하냐며 여기도 가보고, 저기도 가보라고 권유했지만 길은 똑같아도 도로 상황이 매일 달랐다. 어느 날은 한 차선을 막고 공사하기도 하고, 신호등 맨 앞에 내가 서는 날도 있었다(초보에게는 그것도 큰일이다. 뒤차들을 이끌고 가야 하는 막중한 책임이라니. 아무도 부여한 적 없는 그 책임에 내 어깨는 한껏 경직됐다).

  처음에는 두려움이 100퍼센트였다면 시간이 갈수록 두려움 70, 설렘 30으로 지분이 바뀌었다. 잠실까지는 아니지만 하루에 잠깐이라도 나간 덕분이었다. 이제 다음 날 운전 걱정에 밤새 잠 못 이루던 날은 지나갔다. '왕왕왕 초보'에서 '왕' 하나는 떼도 될 것 같다. 비로소 나는 '왕왕 초보'가 됐다.

길치가 운전하면

 내가 평생 운전을 못 하리라 생각한 이유 중 하나는 심각한 길치이기 때문이다. 또 다른 이유는 겁이 많아서인데, 조수석이든 뒷좌석 어디에 앉든 간에 옆에 큰 차가 지나가면 매번 움찔한다. 혼자 조용히 놀라면 그나마 다행이기나 하지 꼭 "으악" 하고 소리를 질러서 운전자까지 놀라게 한다. 그러면 운전자를 놀라게 한 죄로 핀잔을 듣기 일쑤다. 나도 그렇게 호들갑 떨기 싫다. 입을 꼭 막아보지만 새어나가는 비명을 막을 수 없다. 차창 가득 커다란 바퀴만 보이는데 어떻게 안 놀랄 수가 있나.

어느 날 셋째 언니에게 옆에 큰 차가 지나가면 무섭지 않냐고 물었다. 그러자 언니가 말했다.

"당연히 무섭지."

"그럴 때는 어떻게 해?"

"내가 그 차보다 더 빨리 가면 돼."

상대방이 무서워서 먼저 공격한다는 우스갯소리 같은 건가. 이 말이 꽤 인상 깊어서 운전할 때마다 되새겼다. 그러자 무서움이 조금 가셨다. 큰 차 주변에 가지 말고 무서울 땐 멀리멀리 도망가자.

겁 많은 거야 조금씩 단련이 됐지만 길치는 어떻게 해도 해결이 안 됐다. 나는 태어나서부터 고등학교를 졸업하기까지 충청남도의 소도시에서 자랐다. 대학을 서울로 오기 전까지 한 번도 그곳을 떠나지 않았다. 고등학생 때 친구와 길을 걷는데 누군가 소방서의 위치를 물었다. '소방서가 어디더라?' 건물은 생각나는데 소방서가 어디 있는지 전혀 떠오르지 않았다. "그게…." 주변을 두리번거리기만 하고 말 못 하는 나를 대신해 옆에 있던 친구가 설명해드렸다. 길을 물어본 사람이 멀어지자 친구는 너 왜 아무 말도 안 하냐고 뭐라고 했다. 내가 설명하기 귀찮아서 일부러 안 가르쳐줬다고 생각한 모양이다.

난 정말 친절하게 알려드리고 싶었는데 도무지 생각나지 않았다. 자주 안 다니는 길이긴 했지만 머리털 나고부터 계속 살던 동네인데 말이다. 당시에는 핸드폰도 없던 시절이었다. 지금이라면 검색해서 알려드릴 텐데 (이래 봬도 종로에서 일할 때 길을 묻는 외국인 관광객을 숙소까지 직접 데려다줬을 만큼 친절한 사람이다, 내가!) 그땐 방법이 없었다.

나이가 들어도 길치인 건 여전했다. 대학 시절, 한 번 가본 길은 선명히 기억하는 선배가 있었다. 서울 지리를 모두 꿰고 있어서 누가 어디를 간다고 하면 무슨 버스를 타고 어느 정류장에서 내리면 된다는 걸 다 알려줬다. 부러운 능력이었지만 저런 사람도 있고, 나 같은 사람도 있겠거니 생각했다. 그땐 핸드폰이 있었으니 길을 못 찾으면 잠시 멈춰서 지도를 보거나 그저 이 한 몸 확확 돌려가며 찾으면 됐다. 조금 불편해도 다른 사람에게 폐를 끼치는 건 아니었다.

하지만 길눈이 어두운 게 운전할 때는 여러모로 불편했다. 보통 사람은 길을 잘못 들면 그 지점부터 다시 시작하기 마련이다. 하지만 고도로 발달한 길치는 그렇지 않다. 왕왕왕 초보 시절 우체국에서 볼일을 본 뒤 병원에 가려고 집을 나섰다. 그런데 우체국 근처 갈림길에서 길을 잘못 들었다. 보통 사람은 우체국에서 다시 시작할 테지만 나는 그 주변에서 한참 헤매다가 그냥 집으로 돌아갔다. 그리고 새로 출발했다. 우체국을 지나 병원으로 가는, 내가 아는 그 길로. 우체국 근처에서 헤매느니 익숙한 집에서 다시 출발하는 것이 그때의 나에겐 편했다.

다행히 지금은 그렇지 않다. 우체국 근처를 편하게 배회할 실력은 갖췄다. 나로서는 정말 많이 발전한 거다. 길치인 건 여전하지만 대신 처음 가는 곳은 대비를 철저히 한다. 미리 로드뷰를 보고 빠지거나 합류하는 구간, 주차장으로 진입할 때 보이는 건물 입구, 주변 상가를 확인한다. 목적지에 도착했는데 주차장 출입구를 못 찾아 건물을 뱅글뱅글 돈 적이 많다. 이렇게 준비해야 그나마 덜 헤맨다.

내비게이션이라는 조력자도 생겼다. 갑자기 생긴 건 아니고 원래부터 있었지만 이제야 좀 친해졌달까. 초보자일 때는 내비게이션 화면을 볼 새가 없었고, 소리를 들어도 가늠이 안 됐다. '500미터 앞에서 좌회전하라는데 500미터면 어디야? 300미터 앞은 또 어디고?' 알아

듣지 못하는 소리에 오히려 정신이 없었다. 그러다 서서히 화면이 눈에 익고 대충 거리를 가늠하게 된 후로는 내비게이션의 주옥같은 말씀을 새겨듣고 있다. 그 덕에 돌발 상황이 생겨도 덜 당황하게 됐다. 처음에는 길 한 번 잘못 들면 세상이 무너지는 줄 알았다. 하지만 길은 다 연결되어 있고, 나에겐 내비게이션이 있다. 도착지에서 멀어져도 최선을 다해 다시 빠른 길을 알려주고 목적지를 코앞에 두고 다른 길로 빠져도 화내지 않는.

내비게이션까지 화를 내면 나 같은 길치는 누구에게 의지한담. 그나저나 내비게이션이 화를 낸다고 상상하니 재미있다. 아마 이렇겠지? "대체 몇 번을 얘기해. 우회전이라고 우회전.", "내가 아까부터 말했잖아, 제한속도 60이라고! 누가 그렇게 빨리 가래.", "자꾸 이렇게 경로 이탈할 거면 너 혼자 가! 어디 한번 네 마음대로 가봐!" 아마도 내비게이션은 세계에서 가장 많이 화내는 기계가 되지 않을까. 어쩌면 파업을 선언할지도 모른다. 그전에 말을 잘 들어야겠다.

도로에서 만난
다정한 배려

그날도 나는 신나게 마트에 가고 있었다. 내가 사랑하는, 매일 가도 질리지 않는 마트! 룰루랄라 콧노래를 부르는데 뭔가 이상했다. 내 왼쪽에 나와 같은 방향으로 달리는 차가 나타난 것이다. 그럴 리가 없는데 어떻게 된 일이지? 그 차는 나를 앞지르더니 내 앞에 우당탕 안착했다. 추월이야 흔한 일이지만 상황 파악이 쉽사리 안 된 이유는 내가 1차선으로 달리고 있었기 때문이다. 나는 다음에 나올 교차로에서 좌회전할 예정이었다.

애써 추월한 것이 무색하게 우리는 다음 신호에 만났다. 그 차는 내 바로 앞에 있었다. 빨간 신호에 정지해 있는 그 차 뒤로 슬금슬금 다가갔다. 기분이 상해 바짝 붙지는 않고 조금 거리를 두고 섰다. 고속도로도 아니고 동네에서, 다음 신호에 이렇게 만날 것을 굳이 그렇게 나를 추월해야 했는지 물어보고 싶었다. 하지만 우리는 다음 신호에 각자의 목적지로 향했고, 멀어지는 그 차를 보며 머릿속에 물음표만 가득 띄운 채 장을 봤다.

집에서 블랙박스를 돌려 보니 그 차는 내 뒤에 있다가 나를 추월하려고 역주행했다. 너무 느리게 가서 답답해서 그랬으려나. 하지만 그 길은 초등학교 앞이었다. 나뿐만 아니라 내 옆의 차도 어린이보호구역 제한속도인 30에 맞춰 천천히 가고 있었다. 2차선에 있던 다른 차 역시 서행하고 있으니 그쪽으로도 못 가고 역주행을 감행하면서까지 나를 앞지른 것이다.

내 차 뒷유리에 붙은 초보 운전 스티커를 보고 그랬을까? 지금 추월하지 않으면 초보 운전자의 뒤를 계속 따라가야 하니 말이다. 그 이유라면 그래, 납득할 수 있다. 아무래도 초보 운전자가 앞에 있으면 신경 쓰이기 마련이다. 운전이 미숙하고 경험이 적으니 갑자기 급브레이크를 밟을 수 있고, 도로 흐름에 매끄럽게 합류하지 못하는 경우가 많으니까 말이다.

그래서 초보 운전자는 자기 페이스대로 가도록 두고, 본인이 그 차를 앞질러 가는 사람이 많은 것 같다. 초보 운전자인 나로서는 앞에서 내가 거슬렸을 텐데 압박하지 않고 자연스럽게 추월해주는 차들이 무척 고마웠다. 차선을 넘나드는 부드러운 움직임을 보며 "캬!" 하는 감탄사가 나오기도 한다. 도로에서 초보를 만나면 멀찍이 떨어져 가고, 앞에 가는 초보 운전자가 당황할까 봐 경적을 울리지 않는다는 사람도 봤다. 세심한 배려다.

돌아보면 나 역시 운전하며 여러 도움을 받았다. 마트 가는 길이 익숙해질 무렵이었는데 저 멀리에서 도로 한 차선을 막고 공사 중이었다. 어쩐지 앞에 가던 차들이 어느새 모두 사라지고 없었다. 왜 내가 맨 앞이지 이상하다, 하며 가는데 공사 중이라는 안내판을 바로 코앞에 당도해서야 발견했다. 나를 제외한 다른 사람들은 일찌감치 차선을 변경한 뒤였다. 아! 이래서 운전할 때 멀리 보라는 거구나 깨달았다. 앞차만 보고 따라가던 나는 도로에 우뚝 멈춰 섰다. 혼자 덩그러니 남은 상태에서 옆 차선으로 끼려고 했지만 직진 신호가 떨어진 뒤라 차들이 쌩쌩 달려 엄두가 안 났다. 모두 지나간 뒤에 가려고 기다렸다. 차량 통행이 잦지 않은 곳이라 가능한 일이었다.

그런데 잠시 후 까만색 카니발 한 대가 빵빵댔다. 내가 또 무얼 잘못했지 싶어서 쳐다보니 운전자가 창문을 내리고 어서 끼라며 손짓했다. 나는 어어, 하다가 꿈틀대며 옆 차선으로 옮겼고 감사의 의미로 비상등을 길~게, 아주 길~~게(느낌상 5분은 켠 것 같다) 켰다. 뒤차는 내가 비상등을 켠 사실을 잊은 게 아닐까 생각했을지도 모른다.

그냥 지나칠 수 있음에도 도로 위 외딴섬처럼 홀로 있는 초보 운전자를 위해 창문을 내리고, 내가 불쾌하지 않게끔 부드럽게 손목을 움직여 어서 오라고 손짓하는 건 쉬운 일이 아니다. 저 차야 어떻게 되든 말든 내 목적지를 향해 서둘러 가는 게 누가 봐도 경제적이다. 그런데도 그분은 기꺼이 자신의 시간을 내주고, 친절을 베풀었다. 생판 모르는 초보 운전자를 위해서 말이다. 친절에 드는 수고로움을 알기에 그 뒤로 나는 까만색 카니발을 보면 그가 누구든 간에 절로 감사한 마음이 들었다.

차를 몰고 다니니 세상에 참 다양한 사람이 있음을 실감한다. 운전하면 성격 버린다는 말이 있을 만큼 도로 위 상황이 마냥 평화롭진 않다. 불쾌한 일을 겪는 날도 부지기수다. 쫓아가서 따지고 싶은 마음이 들 때도 있다. 그럴 때면 지금껏 내가 알게 모르게 받은 많은 배려를 생각하며 마음을 다잡는다. 나쁜 기억은 잊고, 고마운 일만 남겨야지. 여태 내가 무사할 수 있었던 건 얼굴도 모르는 사람들이 베푼 배려와 친절 덕분임을 잊지 말아야겠다.

비상등으로 말해요

내가 운전면허를 딴 2013년은 일명 '물 면허'로 유명한 시기였다. 필기는 책을 보고 혼자 공부한 뒤 합격했고, 학과 교육 다섯 시간은 운전면허학원을 방문한 당일 받았다. 그리고 기능 두 시간, 도로 주행 여섯 시간을 마치면 시험에 응시할 수 있었다. 기능은 직진과 정지 한 번이면 끝났다. 이 정도면 떨어지는 게 더 어려울 텐데, 할 정도로 쉬웠다. 도로 주행에는 주차까지 포함돼 있었는데 여섯 시간으로는 턱없이 부족했다. 시간을 추가하자니 학원비가 부담스러웠다. 유튜브로 내가 다닌 학원의 코스 영상을 찾아 수없이 반복해서 보고 실제 차에 앉은 것처럼 발을 허공에 대고 브레이크와 액셀 밟는 연습을 했다. 한 번에 붙어 돈과 시간을 절약하겠다는 일념으로.

시험 날이 되어 2인 1조로 면허 시험을 치렀다. 내 차례가 먼저라 운전석에 앉았다. 뽑기의 결과 C 코스에 당첨됐다. 나와 짝이 된, 모르는 사람을 뒷자리에 태우고 시동을 걸었다. 조수석에 앉은 시험 감독관은 내 운전을 꼼꼼히 확인했다. 유튜브를 보고 연습한 보람이 있었는지 널뛰는 심장과 달리 운전은 평온했다. 다만 정지 신호에서 기어를 중립(N)에 놓아야 하는데 계속 까먹고 있다가 시험 막바지에야 깨달았다. '어떡하지? 지금부터라도 넣을까?', '아니야, 그러면 이전에 안 넣은 게 더 티 날 거야. 아예 모르는 척 끝까지 넣지 말자.' 두 가지 생각이 내 머릿속에서 복잡하게 얽혔다.

나는 어떤 선택을 했을까? 후자였다. 주행이 끝난 뒤 옆에 탔던 감독관이 물었다. "응시생, 왜 기어를 중립에 안 놓나요?" 어리석은 선택을 한 멍청이의 말로는 감점이었다. 중간에 알았을 때 그때부터라도 할걸. 뭐든 잘못을 알았을 때 뭉개지 말고 바로 수정해야 한다는 걸 다시금 깨달았다. 다행히 이것 외에는 특별히 마이너스가 없었는지 결과는 합격이었다(앗싸!).

하지만 모두가 예상하듯이 문제는 그다음이었다. 형부 차를 타고 가다가 신호대기 중에 형부가 말했다. "앞차 후진하려나?" 멀쩡히 있는 차가 후진하다니? 뭘 보고 아느냐고 했더니 "후진등이 켜져 있잖아"라는 대답이 돌아왔다. 면허를 땄음에도 나는 자동차 후면의 후진등, 브레이크등, 비상등을 구분하지 못했다. 물 면허의 폐해였다.

다행히 혹독한 초보 시절을 보내면서 각종 버튼의 조작법과 쓰임을 알게 됐다. 왼쪽, 오른쪽을 번갈아 오가며 갈 곳 잃은 나의 깜빡이, 잘못 건드려서 맑은 날에도 열심히 일했던 와이퍼, 무조건 안 쓰는 게 능사는 아닌 경적 등 각종 버튼을 나름의 원칙으로 적재적소에 쓰고 있다. 가장 많이 쓰는 건 방향지시등과 경적, 비상등이다.

먼저 방향지시등이다. 흔히 깜박이라고 부르는 방향지시등은 무조건 켠다. 앞뒤 아무도 없는 한적한 동네 길에서도 습관적으로 켠다. '주변에 차가 없으면 안 켜도 되지 뭐' 생각한 적도 있으나 그건 내 생각일 뿐이다. 내가 못 본 곳에서 차가 튀어나올 수 있으니 켤지 말지 고민할 시간에 켜는 게 나은 것 같다. 간혹 신호등이 없는 삼거리에서도 안 켜는 차를 보면 의아하다. 자기가 어디로 갈지 한번 맞혀보라는 걸까.

방향지시등을 켜는 시간도 중요하다. 너무 일찍, 또는 너무 늦게 켜면 다른 운전자를 당황하게 할 수 있다. 한번은 길 중간에 있는 마트에 가려고 좌회전 깜빡이를 켜고 기다린 적이 있다. 마주 오는 저 차가 지나가면 들어가야지 하고 있었는데 직진하는 줄 알았던 차가 마트 앞에서야 자기도 깜빡이를 켜고 마트에 들어갔다. 이럴 때면 약이 바짝 오른다. 미리 켰으면 내가 안 기다리고 갈 수 있었잖니, 투덜댄다. 하지만 지나치게 일찍 켜도 좋지 않다. 깜빡이를 켜고 한참을 달리는 앞차를 보면 저 차가 언제 빠질지 몰라서 조심하게 된다. 따라서 깜박이는 제때, 꼭 켜도록 한다.

다음은 경적으로 일명 '빵'이다. 살살 누르는 '빵', 길게 누르는 '빠~아~앙', 짧게 여러 번 누르는 '빵빵빵' 등 여러 종류가 있다. 경적의 강도와 주기, 반복을 통해 운전자의 화남 정도와 기분 상태를 추측할 수 있다. 간혹 서로 빵빵대며 의사소통하는 차들도 있다. '뭘 잘했다고 큰소리야!', '나만 잘못했냐? 너도 양보 좀 해라'라고 말하는 것 같다.

초보 때는 경적은 안 누르는 게 좋다고 생각했다. 하지만 시간이 지나면서 무조건 안 누르는 게 상책이 아님을 깨달았다. 회전 교차로에서 무리하게 진입하는 차나 고속도로에서 조는 듯이 가는 앞차에는 꾹 눌러준다. 다만 보행자에게는 누르지 않으려고 한다. 동네에서 길을 걷다가 지나가는 차가 누른 경적에 놀란 게 한두 번이 아니다. 그럼 어떻게 하느냐. 외길에서 위태롭게 자전거를 타는 사람이나 길 가운데로 가는 분께는 창문을 내리고 말하는 편이다. "선생님, 저 좀 지나갈게요" 하면 비켜주신다.

마지막으로 동네를 다닐 때 많이 쓰는 비상등이다. 고마움을 표시할 때, 비상시, 후진할 때 켠다. 동네의 좁은 길에서 다른 차를 만나면 누구 하나가 비켜줘야 한다. 동네에 차들이 많이 움직이는 아침이나 저녁 시간에는 마주 오는 차를 꼭 한 번은 만나기에 사용 빈도가 방향지시등만큼 되는 것 같다. 꽤 쓴다는 말이다. 저 차가 나 때문에 구석에서 기다리고 있다는 것을 인지하면 한참 전이라도 미리 켠다.

너그러운 마음으로 끼워준 차에 고마움을 표시할 때

도 쓴다. 초보 때는 고마운 일이 많아서 비상등 켜느라 정신이 없었다. 비상등 누르느라 차 사이를 아슬아슬하게 지나가는 나를 보고 남편이 비상등 켤 시간에 앞이나 잘 보라고 할 정도였다. 그래도 웬만해선 비상등을 생략하지 않는다. 요즘은 다행히 손으로 더듬어 비상등 버튼을 누르기에 전방주시도 소홀히 하지 않는다.

가끔은 내가 비상등을 받는 일도 종종 있다. 그럴 때면 "아유, 뭘 비상등까지 켜고 그래요"라고 혼잣말하지만 내가 좋은 사람이 된 것 같아서 뿌듯하다. 작은 비상등 하나로 기분이 좋아지는 걸 보니 고마운 상황에서는 나도 아끼지 말고 팍팍 써야겠다.

좌회전을 하라는 거야, 말라는 거야

 초보 운전자에게 고통을 주는 신호를 꼽자면 그중 하나는 비보호 좌회전일 것이다. 비보호 좌회전이란 직진 신호에 초록불이 들어온 뒤, 반대편에서 차가 안 올 때에 한해서 좌회전을 할 수 있다는 뜻이다. '비'보호이므로 규정을 어겨 사고가 날 경우 내 과실이다. 고로 신중히, 전방을 잘 살펴 내가 갈 수 있는지 없는지 판단해야 한다.
 면허를 딴 뒤 운전 연수를 받을 때도 선생님이 비보호 좌회전은 특히 조심하라고 하셨다. 정지 신호에 가면 신호위반으로 벌금과 벌점이 부과되니 뒤에서 암만 빵빵대도 당황하지 말고 기다리라고. 인터넷의 초보 운전 카페에도 비보호 좌회전은 자주 언급된다. 자기는 기다리려고 했는데 뒤차가 너무 빵빵대서 못 이기고 빨간 신호에 지나갔다는 글, 초록불에 비보호 좌회전하려는데 맞은편에서 계속 차가 오는 바람에 한 신호가 끝나도록 좌회전을 못 했다는 푸념도 있다.

일련의 상황을 보면서 비보호 좌회전에 대해 내가 내린 결론은 두 가지였다.

첫째, 반대편 차선을 잘 보고 신중하게 하자.
둘째, 빨간 불에는 절대 가면 안 된다. 초록불에만 가능하다. 뒤차가 아무리 빵빵대도 무시하고 기다리자. 괜히 갔다가 사고라도 나면 결과는 모두 내 책임이다. 뒤차가 책임져주지 않는다.

운전할 때마다 잔뜩 긴장하며 이같이 다짐했지만 우리 동네에 비보호 좌회전이 쓰여 있는 곳은 찾지 못했다. 옆 동네 도서관이 좌회전으로 들어가야 했지만 이곳은 비보호 지역이 아니라 좌회전 신호가 있는 곳이었다. 동네만 주로 다니다 보니 한동안 비보호 좌회전을 잊고 지냈다.

그러던 어느 날, 도서관에 가기 위해 좌회전 차선에서 신호를 기다리는데 뒤차가 '빵'하고 경적을 울렸다. '뭐지? 지금 직진 신호인데. 좌회전은 직진 끝나고 다음인데.' 뒤차 역시 나와 같이 좌회전 깜빡이를 켠 상태였다. 뒤차는 다시 '빵빵'하며 처음보다 더욱 긴 경적을 울렸다. 반대편 차선에서 차가 안 오긴 했지만 엄연히 직진 신호였다. 순간 가야 하나 고민했으나 꾹 참았다. 다시 경적을 울리길래 백미러로 보니 뒤차의 운전자는 거의 공중 부양을 하며 빵빵거리고 있었다. 하지만 나는 직진 신호가 끝나고 좌회전 신호가 들어온 뒤에야 차를 움직였다. 뒤차 운전자를 향해 "성질 참 급하시네"라고 혀를 차며. 신호가 바뀌자 뒤차는 붕 소리를 내며 나에게 불만을 표하고는 쌩하니 지나갔다.

볼일을 마치고 집에 와서 로드뷰를 켰다. 신호등과 표지판을 다시 살펴보기 위해서다. 사실 아까 걸리는 부분이 있었다. 도서관 앞 신호등에는 '직진 후 좌회전'이라는 설명이 적힌 표지판이 있고, 좌회전 신호가 따로 있다. 그런데 그 옆에는 다시 '비보호' 표시가 있고, '녹색 신호 시 좌회전 가능'이라고 쓰여 있었다. 뭔가 놓친

부분이 있다는 예감이 들었다.

아까 거기가 비보호 좌회전 구간이었나? 하지만 신호등이 네 개였는데? 지금껏 내가 경험한 비보호 좌회전은 신호등이 세 개인 곳, 즉 좌회전 신호는 없고 직진에 대한 초록불, 노란불, 빨간불만 있는 곳에서 이루어졌다. 하지만 인터넷을 찾아보니 내 생각과 달리 신호가 네 개인 곳에도 비보호 좌회전이 있었다. 좌회전 신호가 따로 있지만 이곳에서는 직진 신호일 때도 비보호 좌회전을 할 수 있었다. '비보호 겸용 좌회전'이라고 하는데 도서관 앞이 그 경우였다.

왜 슬픈 예감은 틀리지 않는지. 꼿꼿하게 버티던 아까의 내가 부끄러워 괜히 툴툴거렸다. '좌회전 신호가 있는데 비보호는 왜 추가한 거야. 그냥 다 좌회전 신호에 가면 되잖아. 사람 헷갈리게.' 하지만 이유가 있었다. '비보호 겸용 좌회전'은 비보호 좌회전과 보호 좌회전의 장점을 결합한 것이라고 한다. 교차로에서 좌회전할 수 있는 시간이 늘어나 차량 소통이 더 원활해지는 장점이 있다고 한다.

진실을 알수록 공중 부양을 하던 뒤차의 운전자가 생각나 한없이 미안해졌다. 괜히 나 때문에 시간 버리고,

에너지를 쏟으신 그분. 얼마나 화가 나셨을까. 지금은 차도 생각 안 나고, 누구신지 몰라 사과의 말을 전할 길이 없지만 이렇게라도 죄송하다는 말씀을 드리고 싶다. 아울러 선생님 덕분에 제가 또 하나를 배워갑니다, 하는 반성의 말도.

그 뒤로 도서관에 갈 때면 나는 '보호 좌회전'을 할까, '비보호 좌회전'을 할까? 정답은 둘 다 아니다. 다른 길로 간다. 더 가까운 뒷길이 새로 뚫려서 우회전으로 들어가는 길로 다닌다. 비보호 좌회전 따위 고민하지 않아도 되는. 가끔 도서관 앞을 지날 때 '비보호 좌회전' 표지판이 보이면 지난날의 내 잘못이 떠올라 고개를 숙인다.

주차 자리 찾다가 벤츠를 박을 뻔했다

 아이를 어린이집에 보낸 뒤에는 차를 끌고 지하 주차장을 슬슬 돌았다. 혼자 이 자리, 저 자리 찾아가며 차를 열심히 넣었다 뺐다. 지하라 공기가 탁해도 양쪽 창을 모두 내리고 고개도 빼꼼 내밀었다. 누가 봐도 주차 연습하는 초보자의 모습이라 간혹 순찰하는 경비 아저씨의 걱정 어린 시선을 받기도 했다. '저러다 다른 차 치는 거 아니야?' 하고 걱정하시는 건가 싶어 괜히 제 발 저리기 일쑤였다. 그럴 때는 민망해서 딴청을 부리다 아저씨가 가신 걸 확인하고 다시 움직였다.
 한 칸은 위험하니, 최소 두 칸이 비어 있는 자리를 찾았다. 운 좋게 세 칸이 나란히 빈 자리도 있었다. 신난 내 마음과 달리 차는 자꾸 삐뚜름하게 들어갔다. 주차 칸의 가운데에 반듯하게 대고 싶은데 옆 칸으로 가거나 두 칸의 중간에 걸쳤다. 마치 시험지의 틀린 문제에 내리치는 빗금 같았다. 남편은 내가 너무 핸들을 끝까지 팍팍 돌린다고 했다. 사이드미러와 후방 카메라를 보면서 적당한 각도로 틀어야 한다는데 많이 연습하는 것밖에 방법이 없단다.

다행히 조금 비뚤게 대도 내 옆자리를 좋아하는 차가 많았다. 차가 작아서 양옆으로 자리가 많이 남기 때문이다. 주로 큰 차들이 내 옆자리를 선호했다. 내 차를 찾아다니는 건가 싶을 만큼 자주 내 옆에 주차하는 차도 있었다. '어이구, 나 좀 그만 따라다녀.' 남자에게도 못 해 본 말을 옆 차에 할 줄은 몰랐다.

아파트 주차장에서 어느 정도 연습한 뒤 마트를 다녔다. 마트도 평일은 한가해서 어렵지 않았다. 그런데 이날은 무슨 행사가 있었는지 평소 자주 대던 2층 주차장에 딱 한 자리만 남았다. 양쪽에 차가 있어 못 대고 다른 층으로 가려는데 통로가 이어지지 않았다. 2층에 들어온 차는 2층에, 3층에 들어온 차는 3층에 대는 시스템이었다. 여태 2층이 꽉 찬 적이 없어서 그걸 몰랐다. 할 수 없이 한 자리 남은 곳으로 다시 갔으나 다른 차가 이미 댄 후였다.

당황해서 출구로 내려갔더니 아예 마트 밖으로 나와 버렸다. 결국 건물을 한 바퀴 빙 돌아 다시 줄을 서서 주차장으로 진입해야 했다. 건물이 작기나 하나, 멀쩡한 자리 두고 주차를 못 해서 한 블록이나 되는 거리를 돌고 있자니 '나 왜 이러니'라는 말이 절로 나왔다. 진짜 울면 눈물이 앞을 가리니 입으로만 흐느꼈다. 주차도 못 하는데 앞도 안 보이면 안 되니까. 그 뒤로 2층이 '혼잡'하면 뒤도 안 돌아보고 3층으로 갔다.

그러다 내 나약한 주차 실력이 쑥 올라간 계기가 생겼다. 멀리 떨어진 필라테스 학원에 등록한 것이다. 몸이 점점 예전 같지 않아 운동 좀 해야겠다고 생각하던 차였다. 뭘 배워야 하나 고민하고 있었는데 집 앞에 필라테스 학원이 문을 열었다. 필라테스를 배워본 적은 없으나 효과가 좋다고 많이 들었던 터라 상담도 받았다. 문제는 가격이었다. 다른 학원을 알아보니 옆 동네에 비교적 저렴한 가격에 회원을 모집하는 곳이 있었다. 집에서 15~20분 거리였는데 오후 두 시에 상담 예약을 잡았다. 직접 가보니 선생님도 친절하고 공간도 좋았다. 큰 빌딩에 있어서 주차장도 컸다. 지하 1층, 2층을 넘어 지하 4층까지 있었다. 주차장이 여유로워 차도 금방 댔다. 상담하러 간 그날 바로 3개월을 등록하고 룰루랄라 집에 왔다.

대망의 첫 수업 시간, 일찍 도착했음에도 주차 때문에 지각했다. 상담하러 왔던 오후에는 주차장이 텅텅 비어 있었는데 오전에는 차가 빼곡했다. 지하 1층을 돌다가 지하 2층으로 내려갔다. 거기도 남는 자리가 없었다. 빙빙 돌다 지하 3층으로 향했다. 급한 마음에 커브를 빠르게 달렸다. 그런데 갑자기 벤츠가 '뽕' 하고 나타났다. 내가 너무 가운데로 붙었는지 하마터면 올라오는 벤츠와 내려가는 내 차가 부딪칠 뻔했다. 노련한 벤츠 운전자께서 피하셔서 사고는 면했다. 유유히 올라가는 그 차를 보며 얼마나 고개를 숙였는지 모른다. 좀 더 싼 곳을 찾아왔다가 첫날부터 벤츠를 박을 뻔하다니 가슴이 철렁했다. 쿵쾅대는 가슴을 부여잡고 가까스로 빈 자리를 찾아 주차한 뒤 학원으로 올라갔다. 이날 무슨 정신으로 운동했는지 모르겠다.

이후 일주일에 두 번씩 운동하러 갈 때마다 주차난은

계속됐다. 지하 4층까지 내려간 날도 많다. 밑으로 갈수록 올라올 때 한참 걸리고, 나가는 차끼리 곧잘 엉키기도 했다. 지하 4층은 끝까지 갔다가 자리가 없으면 후진으로 나와야 해서 더더욱 가고 싶지 않았다. 그래서 지하 1층부터 꼼꼼히 훑으며 빈자리가 있으면 가리지 않고 대기 시작했다. 양옆에 차가 있든 없든 고를 처지가 아니었다. 주차하다가 뒤에 차가 오면 당황해서 도망가곤 했는데 그것도 조금 의연해졌다. 지금 여기에 주차를 못 하면 지하 4층까지 가야 한다는 생각에 배수의 진을 치고 핸들을 돌렸다.

필라테스는 여러 기구를 사용하고 소규모로 진행해서 소문대로 좋은 운동임을 체험했다. 그러나 한 달 반이 지나자 의욕이 사그라든 나는 갖은 핑계를 만들며…(나머지는 여러분의 상상에 맡기겠다). 등록한 기간의 절반을 날린 후 계산해보니, 비싸서 안 갔던 집 앞 학원에 다니는 편이 더 이득이었다. '운동은 가까운 곳이 최고'라는 말이 괜히 나온 게 아니구나 싶었다. 운동은 망하고 돈은 날렸지만 짧은 기간에 주차 실력이 향상된 것을 위안으로 삼는다.

언제, 어디서든
숄더 체크

운전 연수를 해준 선생님을 비롯한 선배 운전자들이 차선 변경할 때 한목소리로 강조한 부분이 있다. 바로 '숄더 체크'다. 사이드미러, 백미러로 안 보이는 사각지대가 있으니 고개를 돌려 직접 두 눈으로 한 번 더 확인하라는 것이다. 취지에는 매우 공감하나 앞만 보기도 바쁜 초보자가 고개를 돌려 옆을 보는 일은 말처럼 쉽지 않았다.

차가 있는지 확인하기 위해 고개를 옆으로 돌리니 핸들도 그 방향으로 따라갔다. 초보 운전이라 긴장해서 핸들을 너무 꽉 쥐고 있던 탓일까? 숄더 체크를 짧게 하고,

얼른 고개를 정면으로 돌려 앞을 봐야 하는데 나도 모르게 옆을 보는 데 시간을 들였다. 다들 고개를 돌려서 직접 보라고 하니 배운 대로 하긴 하는데, 대상이 무엇인지 잘 모르는 게 문제였다. '대체 어디를 보라는 걸까? 이쯤 봤으니 된 걸까?' 하고 정면을 보면 앞에 있던 차들 상황이 바뀌어 있기 일쑤였다. 내 앞에 있던 차는 어디 가고 다른 차가 내 앞에 있거나 주변 차들 사이의 간격이 달라져 있었다. 그럼 난 다시 숄더 체크를 시작했다.

유연성 제로의 뻣뻣한 몸이라 그런지 숄더 체크를 하고 나면 고개가 빠질 것 같다. 고개를 돌릴 때마다 목에서 우두둑 소리가 난다. 숄더 체크하다가 '숄더'와 '헤드'가 분리될 듯한 경험을 몇 번이나 했다. 목에는 담이 자주 온다. 너무 과격하게 고개를 돌려서 그런 것 같다. 자연스럽고 부드럽게 살짝 돌리면 되는데 긴장된 상태로 운전하는 탓이다.

그럼에도 이를 소홀히 할 수 없는 건 숄더 체크가 몇 번이나 날 살려줬기 때문이다. 한번은 사이드미러와 백미러로 옆 차선을 확인한 뒤 들어가려다 혹시나 해서 고개를 돌려 옆을 봤다. 웬걸. 딱 사각지대에 걸쳐서 마치 그림자처럼 나와 똑같은 속도로 달리는 차가 있었다. 집에 와서 블랙박스를 돌려 보니 그 차는 꽤 오랫동안 나와 비슷한 속도로 내 옆에서 나란히 달렸다. 공교롭게도 마침 사각지대에 있어서 사이드미러에 보이지 않았다. 가슴을 쓸어내렸다.

또 한번은 도로가 한적해서 앞뒤에 차가 별로 없던 때였다. 이럴 때는 뭐 굳이, 싶어서 숄더 체크를 건너뛰려다가 느낌이 싸해서 옆을 봤다. 그 순간, 연두색 스포츠카가 엄청난 속도로 쌩 내 차 옆을 지나갔다. 숫제 날아갔다고 표현하는 게 맞을 것이다. 잠깐 옆을 보지 않았다면 나는 공중에서 산산조각으로 부서져 사라졌을 속도였다. 손이 벌벌 떨려 집까지 차선을 변경하지 않고 그대로 왔다.

어느 날은 3차선에서 2차선으로 진입하려던 차였다. 거울로 확인한 뒤 살짝 진입하면서 숄더 체크를 했다. 그런데 마침 1차선에 있던 차가 나와 같이 2차선으로 진입하는 게 아닌가. 천천히 옮겨가는 나와 달리 그분은 고수인지 자석처럼 철컥 들어왔고 나는 화들짝 놀라며 원래의 3차선으로 휘청대며 돌아왔다. 만약 사이드미러만 보고 차선을 변경했다면 충돌을 피하기 어려웠을 것이다.

숄더 체크는 위험을 줄여주는 방법 중 하나다. 숄더 체크를 세심히 해도 사고가 날 수 있지만 확률을 현저히 줄여주는 건 분명하다. 실제로 몇 번의 경험을 하고 나니 그 중요성을 너무나 잘 알겠다. 다행인 건 처음보다는 목에 담이 오는 횟수가 줄고 있다는 사실이다. 운전이 익숙해지면서 덜 긴장해서 그런 것 같다. 지금은 습관이 되어 차선 변경할 때 무조건 고개를 돌려 사각지대를 살핀다.

어디를 봐야 할지 모르는 건 책과 인터넷에 나온 사각지대를 그려 놓은 그림의 도움을 받았다. 유튜브 영상까지 보고 실전에 적용하니 유용했다. 뒤에 간격을 두고 떨어져 오는 차는 사이드미러에 보이는데, 나와 겹쳐서 오는 차는 안 보이니 그런 차를 조심하면 된다. 이론과 실전 경험이 쌓이면서 자연스레 몸에 익었다.

사각지대를 안 뒤로 나 역시 다른 차의 사각지대에 있지 않으려고 노력한다. 옆에서 나란히 달리지 않고 조금은 떨어져 공간을 비워 두고 다닌다. 다른 차의 운전자가 숄더 체크를 안 해도 내가 그 차의 사이드미러에 보이게끔 말이다. 나를 못 보고 밀고 들어오는 차를 피할 방법은 없지만 미리 눈에 보이면 사고를 피할 수 있다. 운전은 나만 조심해서 되는 게 아니라 도로 위 모두가 조심해야 한다.

어째 운전은 할수록 챙겨야 할 게 많다. 아는 만큼 보이기 때문일까. 처음에는 멋모르고 다녔다면 지금은 좀 더 정교한 운전 단계로 향하는 과정이라고 생각한다. 운전하면서 차를 몰고 다니는 일은 이루 말할 수 없이 편하지만 늘 경각심을 가져야 한다. 한 번의 실수가 큰 사고로 이어지기 때문이다. 오늘도 나는 차 타기 전 몸을 풀고, 성실히 숄더 체크를 한다.

셀프 주유와 세차 기계

 부모님 차를 타고 다니던 어릴 적만 해도 주유소에 가면 직원이 직접 기름을 넣어줬다. 창문을 내리고 얼마를 넣을지 이야기하면 그만큼의 기름을 채워주는 식이었다. 목표한 금액에 가까워지면 주유기 숫자가 느릿느릿 움직이며 마지막 자릿수를 딱 맞췄다. 주유가 끝나면 카드를 건네고 결제가 끝난 카드와 함께 휴지나 생수를 건네받았다. 운전자는 주유가 되는 동안 시동을 끄고 잠시 차에서 기다리면 됐다.
 그러다 어느 순간 셀프 주유소가 등장했다. 셀프 주유소는 여타의 셀프서비스처럼 직원이 제공하던 서비스를 고객 스스로 하는 것이다. 셀프 주유소가 국내에 도입된 것은 1990년대 중반인데 당시에는 큰 호응을 얻지 못했다고 한다. 사람들이 직접 주유하는 방식에 익숙하지 않았기 때문이다. 주유기를 조작해 대금을 결제하고, 주유 건을 뽑아 자기 차에 직접 기름을 넣는 일은 낯선 풍경이었다. 우리 동네에도 셀프 주유소가 생겼지만 아빠는 여전히 직원분이 상주하는 단골 주유소에 다녔다.

하지만 셀프 주유소가 도입된 지 30년이 지난 지금, 이런 모습은 더 이상 낯설지 않다. 2023년에는 전국 주유소 중 셀프 주유소의 비율이 절반을 넘었다고 한다. 인건비 상승과 구인난 때문이다. 아빠의 단골 주유소도 기존의 방식을 버리고 셀프 주유소로 새로 단장한 지 오래다. 직원이 넣어주는 다른 주유소를 찾는 대신 아빠는 셀프 주유소 이용법을 익혔다.

나는 이미 셀프 주유소가 보편화된 뒤에 운전을 시작했다. 처음에는 혼자 주유를 한다는 게 무서웠다. '기름이 갑자기 퍽 하고 나오면 어쩌지? 기계치인 내가 만져서 고장 나는 거 아니야?' 여러 걱정이 솟구쳤다. 하지만 두렵다고 피할 수는 없는 법. 기름을 안 넣고 달릴 수는 없다. 셀프 주유소 이용법은 운전 연수받을 때 선생님이 한 번, 그 뒤에 남편이 두어 번 직접 시범을 보이며 알려줬다.

"먼저 자동차를 주유소 바닥에 그어진 주차 칸에 맞게 잘 넣어. 네 차는 주유구가 오른쪽에 있으니까 기계를 오른쪽에 둬야겠지?"

"응. 그다음에는?"

"시동을 꺼. 주유할 때는 시동을 꺼야 해."

시동을 끄는 이유는 정전기로 인한 화재를 예방하고, 공회전을 방지하며, 혼유 사고 시 피해를 최소화하기 위해서라고 한다. 이후에는 어떤 유종을 얼마나 넣을지 설정한 뒤 주유 건을 든다. 조심할 건 내 차의 유종에 맞는 주유 건을 들어야 한다는 점이다.

"네 차는 휘발유니까 경유랑 헷갈리면 안 돼. 봐봐. 여기 주유구에도 휘발유라고 써 있지?"

경유차에 휘발유를 넣거나 휘발유차에 경유를 넣는 것을 혼유 사고라고 한다. 시동이 꺼져있을 땐 잘못 주입된 연료를 모두 빼내고 세척하면 되는데 시동이 켜있었다면 엔진 전체를 갈아야 할 수도 있다고 남편이 말했다. 그리고 심각한 얼굴로 다시금 '휘발유'를 강조했다.

"응, 알았어."

나는 고개를 끄덕이며 '휘발유'가 쓰인 주유 건을 눈에 담았다. 주유 건을 맞게 들었으면 주유구에 꽂고 주유 건의 핀 부분을 홈에 끼워 고정한다. 그럼 기름이 콸콸 들어간다. 주유를 마친 뒤에는 주유 건을 빼서 주유기에 넣고, 내 차의 마개를 덮으면 된다.

기계의 안내에 따라 순서대로 하면 되기에 걱정과 달리 셀프 주유는 할 만했다. 아주 가끔 변수가 생기긴 했지만. 그날은 오른쪽 주유 기계 두 대가 모두 바빴다. 대기 줄 뒤에서 차례가 오길 기다리는데 사장님이 손짓으로 왼쪽 주유기가 있는 쪽으로 날 불렀다. 영문을 몰랐지만 오라고 하시니 꾸물꾸물 갔다. 내가 차에서 내리려고 하자 사장님이 앉아 있으라고 하더니 내 차의 주유구가 있는 오른쪽까지 주유 건을 길게 빼서 직접 기름을 넣어주셨다. 오호, 이런 방법이 있었군. 전문가가 직접 해주고 나는 가만히 앉아서 기다리면 되니 편했다. 결제까지 사장님이 도와주셔서 감사 인사를 드리고 주유소를 빠져나왔다. 셀프 주유소에서 받은 특별 서비스였다.

셀프 주유에 익숙해져 이제 주유는 문제가 없다는 생

각이 들자 미뤄뒀던 세차를 하기로 했다. 우리 동네 셀프 주유소는 5만 원 이상 주유하면 세차 할인권을 준다. 할인권을 내면 내 차의 세차비는 4천 원이다. 점점 더러워지는 차 유리에 시야가 흐려지는 것 같아 더 미룰 수 없었다. 세차는 주유보다 긴장됐다. 주유는 내 속도대로 하면 되는데 세차는 기계의 속도에 내가 맞춰야 한다. 세차 전에 준비할 사항도 많아 보였다. 게다가 입구는 왜 이렇게 바늘구멍처럼 좁아 보이는지. 세차를 담당하는 주유소 직원이 지정한 위치에 정확히 차를 갖다 대는 것부터가 난관이었다. 그 직원분이 자기가 있는 곳 바로 코앞까지 오라고 안내했는데 이러다 치는 거 아니야 싶을 때쯤 멈추니 딱 맞았다. 세차 영수증을 내고 세차비를 드렸다. 곧바로 고압수를 쏘려는 직원에게 다급히 외쳤다.

"제가 초보자라서요, 세차가 처음이에요!"

나의 우렁찬 외침에 다급해진 건 그분도 마찬가지였다. 호스를 내려놓으시더니 운전석 창문으로 오셨다. 그러더니 주의 사항을 꼼꼼히 다시 알려주셨다. 기어는 'N(중립)'에 놓고 절대 브레이크 밟지 말기, 세차 다 끝나면 초록불이 들어오는 걸 확인한 뒤에 나가기 등등.

그래도 미덥지 않으신지 직접 핸들을 잡고 돌려주셨다.

"이렇게 조금 돌려서 앞으로 그대로 죽 가세요."

나는 아저씨께 기어 중립과 브레이크에서 발을 뗀 걸 확인받은 뒤 출발했다. 비눗물이 쏟아지고 대형 브러시가 파바바박 움직이며 차를 닦아냈다. 우악스러운 세차 기계를 통과하자 끝이 보이고 초록불이 켜졌다. 내가 온전히 한 건 아니라서 완전 셀프는 아니지만(이런 경우는 '반 셀프'라고 해야 하나) 그래도 오랫동안 마음을 짓누르던 숙제를 하나 끝냈다는 생각에 후련했다. 밖에 나오니 다른 직원분이 물기를 닦아주셨다. 감사하다는 인사를 건네고 출발하려는데 뒤에서 누군가 손을 흔들며 외쳤다.

"사이드, 사이드!"

핸들을 돌려주신 분이었다. 어쩐지 뭐가 허하더라니. 세차 기계 앞을 담당하시는 그분은 본인 일이 끝났는데도 걱정되는 맘에 끝까지 나를 살펴보셨나 보다. 사이드 미러를 펴고 멀끔한 모습으로 위풍당당하게 주유소를 나와 도로로 합류했다. 차만큼 내 기분도 반짝인다.

탈출 '초보 운전'

중학교와 고등학교 시절, 가슴팍에 내 이름이 적힌 명찰을 차고 다녔다. 학교 방침상 명찰을 깜빡하면 혼났기 때문이다. 아침마다 교복에 명찰이 잘 달려 있나 확인하고 집을 나섰다. 명찰은 똑같은 교복을 입고, 비슷한 머리를 한 수많은 학생이 각기 누구인지 알려주는 역할을 했다.

'초보 운전' 스티커는 운전을 시작한 지 얼마 안 된, 말 그대로 초보들이 붙인다. 명찰처럼 강제가 아니기에 붙이는 사람도 있고 안 붙이는 사람도 있다. 스티커를 붙이는 사람들은 내가 초보임을 알리면 서툰 운전의 이유를 설명할 수 있고, 내 운전이 답답한 사람들은 편한 마음으로 나를 앞질러 갈 것이라고 말한다. 반면 초보 운전 스티커를 붙이면 다른 운전자가 무시하기 때문에 안 붙인다는 의견도 있다.

나는 무조건 붙인다는 쪽이었다. 그것도 기쁜 마음으로. 무면허 시절에는 면허만 따면 언제든 운전할 거라고 떵떵거렸다. 하지만 면허만 따고 운전대는 잡지 않은 채 입으로만 '운전, 운전' 나불댄 세월이 7년이었다. 이제 그 세월을 청산하고 새사람으로 태어나는 시점에 나의 운전을 널리 알리고 싶었다. 도로에서 만날 다른 운전자들에게 하고 싶은 말도 많았다.

'여러분, 잘 부탁드립니다. 부디 저를 어여삐 여겨주시고, 이 한 몸 불살라 누가 되지 않게끔 열심히….'

글자에 움직임을 입힐 수 있다면 손을 싹싹 빌면서 연신 굽실대는 동작을 넣고 싶었다. 하지만 현대 과학기술로는 불가능한 일이기에 문구와 디자인을 신중히 고르기로 했다. 나의 죄송하고 미안하고 고마운 마음을 표현해줄 수 있는 디자인을! 협박성 문구, 배 째라는 태도, 읍소형 등 많은 종류가 있지만 별로 좋아 보이지 않았다. 불쾌감을 줄 수 있는 말은 배제하고 간결한 걸 골랐다. 정직하게 '초보 운전' 네 글자만 있는 스티커다. 서체는 굳은 의지가 보이게끔 고딕을 택했다. 차에 붙일 때는 '운전'은 떼고 '초보' 두 글자만 붙였다. 어차피 차에 붙이는 초보는 '초보 운전'을 뜻하는 거지, '초보 사원' 이런 걸 나타내지는 않으니까. 최대한 간결해야 운전하면서 곁눈질로 흘긋 봐도 금방 알아챌 수 있다.

뒷유리 와이퍼에 방해되지 않고, 내 시야도 가리지 않을 위치를 정한 뒤 손바닥으로 꾹꾹 눌러가며 붙였다. 가끔 나처럼 초보 운전 스티커를 붙인 차를 만나면 그렇게 반가울 수 없었다. 저 사람은 어떤 스티커를 붙였는지 확인하고, 같이 나란히 달리면서 누구의 운전이 더 매끄러운가를 가늠하기도 했다.

"후후, 나보다 더 삐걱대는구먼."

"아니, 운전을 저렇게 잘하는데 초보 스티커는 왜 붙인 거야? 초보 물 흐리게."

"이보게, 초보일수록 교통법규를 잘 지켜야지. 깜빡이는 왜 안 켜는 건가?"

다행인지 운이 좋은 건지 초보 운전 스티커를 붙였다는 이유로 부당한 대우를 받은 일은 거의 없었다. 있었어도 그걸 눈치챌 정도의 여유가 없어서 못 알아챈 걸

수도 있다. 친구는 초보 시절 뒤차가 상향등을 켰는데 그게 무슨 의미인지 모르고 '저 차는 왜 대낮에 불을 켜지?'라고 생각했다고 한다. 모르는 게 약이었을까. 친구는 뒤차의 상향등 세례에도 당황하지 않고 제 갈 길을 갔다.

나도 별반 다르지 않다. 경적이야 여러 번 들었지만 긴장한 탓에 그게 나한테 하는 건지 모르고 지나가기 일쑤였다. 보행자로 다닐 때 무방비 상태에서 들은 경적은 소리가 너무 커서 귀가 아팠다. 반면 차 안에서 듣는 경적은 '지금 나한테 한 건가?' 싶게 작게 들렸다(후에 남편이 일러주어 알았다. 아까 그 '빵!' 너한테 한 거라고). 그 당시 나는 앞만 보고 가기에도 바쁜 인생이었다. 어쩌면 경적보다 내 심장 소리가 더 커서 못 들은 걸 수도 있고.

시간이 지나고 운전이 조금씩 익숙해지면서 좌우 앞뒤를 살펴볼 여력이 생겼다. 명찰처럼 달고 다니던 초보운전 스티커는 운전한 지 3년 만에 떼어 냈다. 하남의 신도시에서 경기도 양평으로 집을 지어 이사 온 지 1년쯤 지난 뒤였다. 아이 어린이집, 동네 마트, 도서관, 근처의 대형 쇼핑몰 등 내가 자주 다니는 곳은 정해져 있었다. 이곳들은 이제 능숙하게 잘 가기에 적어도 여기를 다닐 때만큼은 초보가 아니라는 생각에서다.

걱정 반 설렘 반으로 차에 붙인 스티커는 뗐지만 만일을 위해 자석으로 된 초보 운전 스티커를 하나 샀다. 탈부착이 가능한 이 노란색 스티커는 부적처럼 콘솔 박스에 넣고 다닌다. 처음 가는 장소, 길이 어려워 보이는 곳에 갈 때를 대비해서다.

선배 운전자들은 운전이 조금 익숙해진 지금의 내 무렵이 가장 위험하다고 한다. 초보 티를 벗고 자만에 빠지기 쉽기 때문이다. 그럴 때면 스티커는 뗐어도 여전히 초보의 마음으로 다른 운전자들을 향해 중얼거린다. "아이고, 선생님 죄송합니다." "복 받으실 거예요, 감사합니다." 전할 방법은 없지만 내 입은 쉴 새 없이 바쁘다.

혼자 친정에 내려간 날

운전을 시작하면서 내가 목표한 곳은 크게 두 군데였다. 첫째는 부모님이 계신 친정이고, 둘째는 부모님이 서울에 오실 때 타는 버스가 도착하는 강남고속버스터미널이다. 운전을 한 지 3년이 지난 2023년 8월, 첫 번째 목표였던 친정으로 운전대를 잡았다. 경기도 양평의 우리 집에서 170킬로미터 떨어진 곳으로 안 막히면 두 시간 반쯤 걸린다.

처음 내려간 날 차가 막혀서 세 시간쯤 걸렸다. 며칠 전부터 잔뜩 긴장한 탓에 전날 잠을 거의 못 잤다. 당일 아침에도 '갈 수 있을까? 고속도로는 처음인데?', '지금이라도 기차 타고 갈까?', '주말까지 기다렸다가 남편이랑 같이 갈까?', '아니야, 언제까지 남의 도움으로 살 거야? 부모님도 점점 나이 드시는데 집에 갑자기 일 생기면 그때도 마냥 기다리고 있을 거야?'라며 오늘은 기필코 운전해서 가야 한다는 결심과 좀 더 나중에 가도 되지 않을까, 하는 생각이 계속 충돌했다.

아침 먹고 일찌감치 출발하려던 계획이 결국 점심까지 늘어졌다. 아빠가 몸이 안 좋아서 입원했다가 퇴원해 집에 오신 지 얼마 안 된 때였다. 연로하신 부모님 두 분만 있으시기에 언니들과 당분간 기간을 나누어 교대로 집에 가기로 했고, 이번엔 내 차례였다. 혼자 운전해서 가든 기차를 타고 가든 어쨌든 오늘은 무조건 가야했다.

먼저 대중교통을 검색했다. 기차를 타려면 용산역으로 가야 하고, 버스는 강남고속버스터미널로 가야 했다. 우리 집에서 거기까지 가는 데 두 시간, 거기서 기차든 버스든 두 시간, 내려서 친정집까지 20분, 총 네다섯 시간이 훌쩍 넘는 여정이었다. 시간도 오래 걸리지만 친정에 가서 여기저기 다니려면 차가 필요한데 대중교통을 타면 어떻게 움직일지 까마득했다.

결국 차에 타서 시동을 걸었다. 혹시 몰라 전날 기름

을 가득 채워둔 게 다행이었다. 부모님께 출발한다고 전화하고, 빠진 게 있나 짐을 살피는데 셋째 언니에게 전화가 왔다. 아빠에게 소식을 들은 모양이었다. 걱정 많은 셋째 언니는 고속도로를 어떻게 타려고 하느냐, 그냥 주말에 제부랑 같이 와라, 아니면 기차 타고 와라, 하며 나를 말렸다. 말리는 언니를 보니 오히려 용기가 생겼다.

"아냐, 자꾸 미루면 언제 해. 이따 도착해서 연락할 테니까 그전에는 전화하지 마. 내비게이션 봐야 하니까."

중간에 연락하지 말라고 단단히 일러두고 집 주차장을 나섰다. 며칠 전부터 틈틈이 봐둬서 외우다시피 한 길을 따라 친정으로 향했다. 하남 나들목에서 수도권 제1순환고속도로를 거쳐 서해안고속도로를 따라가는 경로였다. 한 시간 정도는 운전한 적 있지만 혼자 이렇게 멀리 가는 건 처음이었다.

미리 유튜브와 네이버 카페를 보며 고속도로를 운전할 때 주의해야 할 점들을 챙겼다. 앞차와 안전거리를 유지하고, 트럭이나 큰 차 옆은 되도록 피하고, 빠져야 할 곳에서 못 나가면 무리하지 말고 다음번에 나가기 등

등. 길 잘못 들면 좀 돌아가지 뭐, 하는 마음으로 출발했다. 친정이 지방이라 항상 남편을 대동하고 갔는데 혼자 단출하게 움직이니 홀가분했다. 남편은 조심해서 다녀오고, 다음에는 아이도 꼭 데리고 가라며 덕담을 건넸다. 덕담이 끊이지 않는 부부다.

평일 낮이라 차가 많지 않고, 진출입 구간이 어렵지 않아 생각보다 수월했다. 길은 서울을 빠져나갈 때와 서해대교에서만 잠깐 막혔다. 긴장이 완전히 사라지진 않았지만 막히는 구간 외에는 속도도 내고, 다른 차들과 호흡을 맞춰 신나게 달렸다. 뻥 뚫린 도로를 달리는 고속도로만의 매력이 있었다. 약 세 시간 후 부모님이 계신 아파트의 지하 주차장에 순조롭게 진입했다. 이걸 못해서 몇 년을 망설인 건가, 하는 생각이 들었다. 부모님은 혼자 운전해서 온 나를 반색하며 맞았다. 엄마는 마냥 어리게만 보이는 막내딸이 직접 운전해서 왔다는 사실을 믿지 못하고 계속해서 물었다. "정말 네가 운전해서 여기까지 온 거냐?" 나는 분주히 짐을 풀며 그렇다고 답했다.

걱정이 많은 성격이라 뭐든 시작하기 전에 최악을 생각하는 못된 버릇이 있다. 출발 전에 유서를 써놓고 올까(남편에게 미리 공인인증서를 비롯해 각종 비밀번호를 알려줬다. 얼마 안 되는 돈이지만 너 줄게, 했는데 그다지 고마워하지 않았다), 보험 상속은 누구에게 되는지 약관을 들춰 보고, 아침에 아이를 어린이집에 데려다주는데 괜스레 눈물이 났다. 고향 친구들에게 나 지금 운전해서 내려간다고 비장한 어조로 연락을 한 탓에 친구들은 내가 도착했다는 연락을 받을 때까지 마음을 졸였다고 한다.

오래 망설였지만 차를 가지고 간 덕에 친정에서 편하게 지냈다. 아빠를 태우고 우체국에 볼일 보러 가고, 마트 가서 장도 보고, 맛있는 어죽을 포장해 와 집에서 부모님과 오붓하게 먹었다. 이틀 뒤 다시 양평으로 올라올 때도 시간에 얽매이지 않고 원하는 때에 출발했다. 운전할 생각에 여전히 긴장됐지만 한 번 와봤다고 그래도 조금 자신이 생겼다.

내려올 때 실수한 부분은 바로 보완했다. 양평을 출발해 친정으로 올 때 물을 챙겼으나 생수통을 뚜껑도 열지 않고 음료 자리에 꽂아놓은 까닭에 두 시간 넘게 갈증에 허덕였다. 100킬로로 달리는 고속도로에서 뚜껑을 딸 여유가 어디 있겠는가. 목이 바싹바싹 타는 와중에 물이 옆에 있는데도 먹지 못하는 상황이 이어졌다. 어찌나 원통하던지. 고속도로를 빠져나온 뒤 친정에 도착하기 30분 전에야 빨간 신호를 만나 간신히 물을 마셨다. 내려올 때의 일을 반면교사 삼아 올라올 때는 미리 물 뚜껑을 열어 빨대를 꽂아놓고 커피도 준비했다. 넘치면 안 되니 물과 커피, 둘 다 반만 담았다. 현명하기도 하지. 어깨가 으쓱거린다. 물과 커피를 마시고, 중간에 휴게소도 한 번 들렀다.

집에 도착해 가방을 정리하는데 안에 돈이 든 봉투가 있었다. 걱정되는 마음에 운전해서 오지 말라고 했던 셋째 언니가 넣어둔 것이다. 딸 넷 중 막내인 나를 셋째 언니를 비롯해 큰언니, 둘째 언니 모두 아직도 어리게 보는 모양이다. 돈도 이렇게 늘 내 가방이나 옷 깊숙한 곳에 넣어두고 나중에 말한다. 집에 잘 왔다고 연락하면 '오느라 고생했어. 가방에 봉투 넣었으니 맛있는 거 사 먹어'라며 문자를 보낸다. 언니들에게 항상 분에 넘치게 고맙다.

하지만 언니들이 아직 모르는 게 있다. 대놓고 용돈을 주면 내가 안 받을 줄 알고 매번 몰래 가방에 숨겨 놓는데, 그건 오산이다. 난 언제든 받을 준비가 되어 있으니 앞에서 줘도 된다. 친정 가면 언니들에게 말해야겠다. 벌써 다음 친정행이 기다려진다.

고속버스터미널을 왜 못 가니

부모님은 정기적으로 서울에 오신다. 일원동에 있는 삼성서울병원에서 진료를 보기 위해서다(우리 가족은 보통 편의상 '일원동 삼성병원'이라고 부른다). 각자 진료 받는 과는 다르지만 아빠와 엄마를 합하면 1년에 4~6번 정도 되는 것 같다. 엄마는 13년 전쯤 그곳에서 큰 수술을 했다. 이후로 매년 정기검진을 다닌다. 상태가 안 좋으면 두세 달에 한 번, 안정적인 상황에서는 6개월에 한 번 간다. 다행히 요새는 몸 상태가 크게 나쁘지 않고 수치를 잘 유지하고 있어 1년에 두 번으로 줄었다. 아빠 역시 검사에 따라 다르지만 지금은 6개월에 한 번 예약을 잡는다. 담당 교수님의 진료일이 달라서 한날로 몰지는 못하고 엄마 따로, 아빠 따로 온다.

내가 운전을 시작한 이유에는 부모님의 병원행도 큰 몫을 차지한다. 언니들은 모두 지방에 있고 그나마 경기도에 사는 내가 병원과 가장 가깝다. 그래서 엄마나 아빠가 서울 병원에 가는 날이면 내가 동행한다. 부모님이 집에서 삼성병원으로 가는 길은 크게 네 가지 방법이 있다.

첫째, 병원 예약 당일 새벽 버스를 타고 서울로 올라온다. 다행히 버스정류장이 친정에서 멀지 않다. 도보로 10분 거리다. 그곳에서 강남고속버스터미널로 오는 직행버스를 타면 두 시간 안에 도착한다. 터미널에 도착하면 버스 내리는 곳에 미리 서 있던 나를 만나 지하철을 타고 병원으로 향한다.

둘째, 기차를 타고 수서역에 내린 뒤 병원에서 운행하는 셔틀버스를 탄다. 기차는 도착 시간이 정해져 있으니 병원 예약에 늦을 일이 없다. 하지만 집에서 차를 타고 기차역까지 가야 하고, 수서역으로 오는 직행 기차가 없어서 중간에 갈아타야 하는 번거로움이 있다.

셋째, 경기도 양평의 우리 집으로 미리 올라와 하룻밤 자고 새벽에 내 차를 타고 병원으로 향한다. 재작년 아빠의 병원 검사가 일주일 간격으로 잡혀 있을 때 썼다.

넷째, 친정에서 차를 끌고 병원으로 직접 간다. 예전에는 가능했으나 아빠가 나이 들면서 장거리 운전이 어려워 쓸 수 없는 옵션이 됐다.

별일이 없으면 우리는 첫 번째 방법을 가장 많이 쓴다. 갈아탈 일 없으니 버스를 탔다는 전화만 받으면 나 역시 이게 가장 마음 편하다. 강남고속버스터미널의 버스 도착하는 곳에 미리 가서 기다리다가 부모님을 만나 병원으로 향한다. 외래 예약 시간이 보통 이른 아침이기에 지하철을 탄다. 택시를 타면 출근길 정체 때문에 시간이 배로 걸리기 때문이다. 출근길 인파로 지하철이 빽빽해서 가야 하지만 몇 정거장만 지나면 한가해진다. 부모님은 지하철에 가득 찬 사람들을 보며 젊은 사람들이 이렇게 바쁘고 힘들게 산다며 측은해하신다.

양평으로 이사 온 지 얼마 안 됐을 때는 우리 집에서 가장 가까운 역인 양수역에 차를 대고 지하철을 타고 3호선 고속터미널역으로 갔다. 이후 운전이 늘면서 우리 집에서 삼성서울병원까지는 직접 차를 몰고 갈 수 있게 됐다. 그리고 병원에 도착해 주차하고 3호선 일원역으로 향한다. 거기서 지하철을 타고 아홉 개 역을 지나 고속버스터미널로 간다. 부모님을 만나 다시 지하철을 타고 아홉 개 역을 반대로 거쳐 병원으로 온다. 충남에서 출발한 부모님도 두 시간이 걸리지만 나 역시 편도로 두 시간이 꼬박 걸리는 길이다.

내가 먼 거리를 왔다 갔다 하는 게 미안한지 부모님은 병원에 알아서 갈 테니 터미널에는 오지 말라고 하신다. 하지만 예전에 엄마가 혼자 지하철을 탔다가 엉뚱한 방향으로 간 적이 있다. 지하철 타지 말고 택시를 타라고 단단히 일러도 택시는 비싸다며 절대 타지 않는다. 부모님이 병원에 잘 도착할까 걱정하는 것보다 내가 좀 더 움직여 고속버스터미널에서 만나는 게 마음 편하다.

어차피 병원까지 운전해서 가는 김에 고속버스터미널까지 조금 더 가서 부모님을 태우고 병원으로 오면 가장 좋을 텐데 나는 왜 이렇게 하는가. 고속버스터미널은 운전해서 못 가기 때문이다. 병원까지는 그래도 할 만한데 고속버스터미널은 정말이지 모르겠다. 일단 지하철 3, 7, 9호선 세 개 노선이 지나가고, 신세계 백화점 강남점, 강남 꽃 시장과 붙어 있어 규모가 크다. 커도 한산하면 괜찮은데 도로에 택시, 버스, 자가용이 뒤섞여 도무지 내가 낄 자리가 없어 보인다. 미리 가서 주변을 돌아보며 차의 진출입로와 주차장 입구를 확인했는데 더 어렵게만 느껴졌다. 자신감이 점점 떨어졌다.

한번은 서울에 사시는 아빠의 사촌분이 병원 진료를 함께 보고 터미널까지 태워다주셨다. 서울 운전에 능한 그분도 이곳은 힘들어하셨다. 게다가 한때 일원동에 살았던 큰 형부도 초보인 내가 운전해서 가기엔 무리라고 판단했다(형부가 몇 년 전에 한 말을 나는 아직도 굳게 믿고 있다). 그래서 매번 차를 타고 병원까지 간 뒤 다시 지하철을 타고 고속버스터미널에 가는 것이다.

진료가 끝난 뒤에는 지하철이나 택시를 타고 부모님을 고속버스터미널에 데려다준다. 부모님이 버스를 타면 나는 다시 지하철을 타고 병원으로 돌아와 주차해둔 내 차를 타고 운전해서 집으로 간다. 멀쩡한 차는 병원에 세워 두고 뭐 하는 건지 어디에 말하기도 부끄럽다. 언젠가 엄마가 터미널은 왜 운전해서 못 가냐고 묻기에 서울 운전이 쉬운 줄 아냐고 신경질을 내기도 했다.

내가 못 가는 게 고속버스터미널뿐이랴. 하지만 다른

곳은 안 가도 그만이지만 여긴 꼭 가야 하기에 문제다. 올해는 갈 수 있을까? 내 운전 목표 두 가지가 친정에 운전해서 내려가기와 고속버스터미널 가기인데 친정에 가는 건 성공했다. 이제 고속버스터미널로 부모님 마중 가기만 남았다. 하나 남은 나의 운전 목표, 강남고속버스터미널 가기에 도전해보련다.

2장

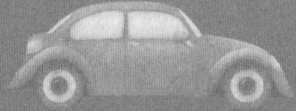

우리는 함께 차를 타고

아빠가 이 차가

자신의 마지막 차가 될 거라고 말했을 때

나는 쉽게 말을 잇지 못했다.

하지만 아빠 말대로 될

가능성이 크다는 걸 알고 있었다.

엄마의 빨간 티코

 엄마가 운전하던 시기가 있었다. 엄마 나이 40대 중반이었으니 지금으로부터 30년 전 이야기다. 엄마는 필기와 실기를 골고루 여러 번 떨어진 뒤 면허 시험에 합격했다. 지금이야 여자 운전자가 많지만 아빠가 말하길 그때는 동네에 운전하는 여자가 많지 않았다고 한다. 엄마는 그 많지 않은 여자 중 하나가 됐다.

 당시 우리 집에는 9인승 봉고차가 있었다. 키가 150센티미터인 엄마에게는 높고 큰 그 차가 버거웠던 모양이다. 운전석을 앞으로 바짝 당겨도 액셀과 브레이크에 다리가 간당간당하게 닿았다. 면허는 땄으나 도로를 달리기 위해서는 많은 연습이 필요했다. 운전을 가르쳐줄 상대는 아빠밖에 없었다. 하지만 운전 연습을 하러 나가면 엄마와 아빠 둘 다 씩씩대며 들어왔다. 베테랑 운전자인 아빠에게는 엄마의 미숙함만 보였을 테다. 하지만 엄마의 운전 실력이 불안한 건 사실이었다.

온 가족이 엄마가 운전하는 차를 타고 외출한 날, 하마터면 가족 모두 한날한시에 사라질 뻔했다. 엄마가 속도를 줄이지 않은 채 커브를 돈 탓이었다. 차는 다리 밑으로 떨어지기 직전 간신히 멈췄다. 몇십 년이 지난 지금도 다급히 "브레이크, 브레이크!!!"를 외치던 아빠의 목소리가 잊히지 않는다. 딸들을 태우고 목욕 가는 중 앞차를 추월하려다 맞은편 트럭과 정면으로 충돌할 뻔한 날도 있었다.

과속하거나 신호등을 못 보고 지나쳐 경찰에게 잡히기도 했다. 그럴 때면 "아유, 한 번만 봐주세요"라며 사정했지만 경찰은 당연히 안 봐줬다. 경찰에게 걸린 날이면 엄마는 며칠을 전전긍긍하며 우편함을 들여다봤다. 아빠 몰래 과태료를 내려는 심산이었다. 하지만 이 계획은 대체로 실패했다. 우체국에 근무하던 아빠는 퇴근하면서 우리 집 우편물을 직접 챙겨왔다. 그 속에는 아빠가 이미 뜯어본 엄마의 과태료 통지서도 있었다.

느리게 발전하는 운전 실력 탓에 엄마가 나갔다 오면 차가 흠집이 나거나 푹 파여 있었다. 봉고차가 점점 너덜너덜해질 무렵 아빠가 중고로 빨간 티코를 구해왔다. 엄마에게 여러모로 딱 맞는 차였다. 봉고를 타던 버릇 때문인지 엄마는 티코를 탈 때도 의자를 바짝 앞으로 하고 핸들을 밭게 잡았다. 가끔 사이드미러를 펴지 않고 도로로 나가기도 했다. 더 신기한 건 집에 돌아와서야 그 사실을 알았다는 점이다. 그래도 엄마는 용케 큰 사고 없이 친정에 가고, 시장도 가고, 목욕탕도 다녔다. 다른 사람을 태워주는 친절도 자주 베풀었다.

엄마의 빨간 티코를 생각하면 떠오르는 날이 있다. 집에는 엄마와 나, 둘뿐이었다. 당시 초등학생이던 나는 겨울방학을 맞아 뜨끈한 방바닥에 누워 텔레비전을 보고 있었다. 엄마가 오더니 슬며시 물었다.

"바다 보러 가지 않을래?"

그날 바다로 가는 길이 어떤 목적의 외출이었는지는 모르겠다. 멍하니 자리에 앉아 있던 나와 달리 운전하는 엄마의 얼굴은 즐거워 보였다. 한 시간쯤 달려 목적지에 도착했다. 조금 걷다가 한겨울 바닷바람이 너무 차서 근처의 포장마차로 향했다. 라면을 주문하자 신 김치가 같이 왔다. 시큼한 김치의 맛으로 매운 라면 하나를 국물까지 싹싹 먹었다. 날이 추워 바다는 얼마 못 보고 라면만 먹고 다시 차에 탔다. 집으로 돌아오는 데 해가 어스름 지고 있었다. 노을과 비슷한 색이라 못 봤는지 엄마는 신호등의 빨간불을 쌩하니 지나쳤다. 다행히 사거리에 차가 없어서 우리는 무사히 집에 왔다.

그 뒤 대학을 타지로 오면서 기숙사에 들어갔고, 엄마가 운전하는 차를 탈 일은 줄어들었다. 몇 년간 잘 타던 티코를 처분한 뒤 엄마의 운전은 서서히 사그라들었다. 본연의 기능을 잃은 채 신분증으로만 쓰던 엄마의 면허증은 2023년 12월, 나라에 반납했다. 지역 상품권 10만 원이 지급됐다.

너무 오래전 일이라 엄마가 운전하던 때가 있었던가 기억이 가물가물하다. 그래도 턱이 아릴 정도로 시큼한 김치와 빨간불에 당당히 직진하던 엄마의 모습은 선명히 남아 있다.

남편의 파란색 첫 차

 남편은 차를 꽤 늦은 나이에 샀다. 결혼 5년 만인 서른다섯에 장만한 그의 첫 차는 하늘색 볼보 V40 D2 모델이었다. 연식은 3년, 주행거리는 5만이 조금 안 된 중고차였다. 지금은 단종된 그 차는 남편의 첫 차이자 우리 가족의 첫 차였다. '파워 블루'라는 이름이 붙은, 은은한 펄이 들어간 하늘색이 남편과 잘 어울렸다.
 결혼한 직후에 차를 살까 고민했었다. 매일은 아니지만 가끔 차가 필요한 일이 있었다. 하지만 차를 사고 유지하는 데 드는 비용이 만만찮기에 최대한 늦게 사는 편이 경제적이라고 생각했다. 그래서 필요한 만큼 시간 단

위로 차를 빌려 쓰는 카 셰어링과 대중교통으로 버텼다. 나는 회사에 출근하면 외근이 거의 없어 출퇴근만 하면 됐기에 가능했다. 문제는 남편이었다. 남편이 하는 건축 설계 일은 지역을 가리지 않고 들어왔다. 전국이 일터였다. 경기도까지는 광역버스를 타고 다녔지만 그것도 왕복으로 하면 서너 시간이 걸렸다. 지방에라도 다녀오는 날은 이동 시간이 길어 하루가 다 갔다. 기동력이 현저히 떨어졌다.

그리고 우리는 아이를 낳을 계획이었다. 첫 임신은 8주 차쯤 유산으로 판명됐다. 초음파를 보던 의사 선생님이 고개를 갸웃하며 옆방 선생님을 불러왔다. 두 분은 모니터를 보며 낮은 목소리로 이야기를 나눈 뒤 고개를 끄덕였다. 옆방 선생님이 돌아간 뒤 영문을 몰라 하는 나에게 아기 집만 있고 아기는 없는 고사난자라고 설명해주셨다. 수술이 필요하다는 말과 함께. 선생님 방에 있던 휴지 한 통을 거의 다 쓸 만큼 한바탕 울고 진료실을 나왔다. 수술은 다음 날 오전 아홉 시였다.

침잠하는 밤을 보낸 뒤 다음 날 아침이 됐다. 평일 아침 시간에 택시를 잡아본 적 없는 우리는 도로에 나와서 적잖이 당황했다. 출근 시간과 겹쳐 택시가 잡히지 않았다. 앱으로 택시를 불러도 연결되지 않았고, 지나가는 택시도 모두 사람이 타고 있었다. 수술 시간 전에 미리 와서 동의서를 쓰고 준비해야 했기에 마냥 길에서 기다릴 순 없었다. 걷기엔 애매한 거리에 있던 산부인과는 대중교통이 불편했다. 도보로 26분, 대중교통으로는 버스를 두 번 갈아타서 20분이었다. 바로 가는 버스가 없어 돌아가는 걸 타야 했기에 차라리 걷는 편이 나았다. 남편과 나는 걷기 시작했다. 날씨 따뜻하고 기분 낙낙한 날에야 운동도 되고 좋지만 찬 바람이 부는 2월, 수술하러 가는 길이 즐거울 리 없었다. 말없이 불광천을 걸으며 병원으로 향했다. 차가 있어야겠다는 생각이 들었다.

  4개월이 지나 그해 6월, 차를 샀다. 남편은 이 차의 디자인과 색상을 매우 마음에 들어 했다. 흰색, 회색, 검은색같이 무채색이 많은 우리나라에서 파란색 차는 어디서든 눈에 잘 띄었다. 어린이대공원이나 올림픽공원처럼 주차장이 넓은 곳에 가도 하늘색으로 반짝이는 우리 차는 금방 찾을 수 있었다. 동네에 남편 차와 똑같은 차가 없기에 간혹 "아까 지나가던데?", "오늘은 출근이 늦네?" 같은 남편의 행방에 대한 제보가 들어오기도 했다.

아이를 처음 카시트에 태운 날도 생각난다. 차를 산 다음 해 3월, 아이가 태어났다. 운전석 뒤 당당하게 한 자리를 차지한 아이는 낯선 듯 주변을 살폈다. 바구니 카시트가 커서 공간이 많이 남아 안전벨트를 단단히 매 주었다. 카시트를 거부하는 시기도 있었지만 안전과 직결되므로 예외를 두지 않았다. 아이는 카시트에 서서히 적응했고, 차에 타면 으레 카시트로 향했다. 그러면 나는 옆자리에 앉아 떡뻥을 대령하고, 짝짜꿍을 선보였다. 소형차라 트렁크가 작은 게 아쉬웠지만 유모차, 아기 의자를 꽉 차게 싣고 산으로 들로 아이와 나들이했다.

몇 년이 지나 바구니 카시트는 주니어 카시트로 바뀌었다. 아이는 길어진 다리로 앞자리 운전석을 발로 찰 정도로 컸다. 차를 사면 지출이 많아지니 늦게 사거나 아예 안 사는 편이 돈 버는 건 맞지만 남편과 나는 조금 일찍 살걸 그랬다고 후회했다. 없으면 없는 대로 잘 살았지만 차가 있으니 좋은 점이 많았다. 전국 어디든 시간에 구애받지 않고 다니고, 짐도 편하게 실을 수 있다. 대중교통을 탈 때는 비가 오면 한숨부터 나왔는데 차가 있으니 궂은 날씨도 나쁘지 않았다. 집처럼 안락한 공간이 하나 더 생긴 기분이었다.

남편 차는 신호대기 중 뒤에서 다른 차가 박은 거 말고는 7년간 사고 없이 잘 탔다. 그러다 새 차를 전기차로 바꾸면서 이 차를 팔게 됐다. 앱으로 신청하니 경매가 들어오고 그중 최고가를 선택해 거래가 성사됐다. 탁송을 맡은 기사님이 오셨다. 모든 게 물 흐르듯 매끄럽고 빠르게 진행됐다. 젊고 쌩쌩할 때 우리에게 왔는데 이제는 주행거리 18만을 향해 가는, 전성기가 지난 차가 됐다.

남편은 차 키를 건넨 뒤 일을 보러 갔고, 나는 하원 시간에 맞춰 어린이집에 가서 아이를 데려왔다. 그러다 집 앞 삼거리에서 우연히 남편 차를 만났다. 탁송 기사님이 운전하고 계셨다. 내 바로 뒤로 남편의 파란 차가 따라왔다. 백미러로 흘끔거리며 한참을 같이 갔다. 운전석에 남편이 아닌 다른 사람이 앉아 있는 모습이 낯설고, 이제 다시 못 본다는 생각에 괜스레 울컥했다. 아이는 뒤따라오는 아빠 차를 보며 꺼이꺼이 울었다. 이제 다시는 못 타는 거냐며, 며칠 전 아빠가 차 타고 산책하러 가자고 할 때 갈걸 그랬다며, 뜨거운 눈물을 펑펑 쏟았다. 어딜 가든 아빠 차 찾는 재미에 살았던 아이. 아이의 울음에 나까지 눈이 뜨거워졌다.

얼마 뒤 나온 갈림길에서 나는 왼쪽, 남편 차는 오른쪽 길로 향했다. 7년을 함께한 우리의 첫 차가 멀어져갔다. 점점 작아지는 파란 차를 보며 네 덕에 우리 가족 안전하게 잘 다닐 수 있었다고, 좋은 추억 만들어줘서 고맙다고 마지막 인사를 전했다.

아마도, 아빠의 마지막 차

아빠는 평소 나에게 세 가지를 강조했다.

첫째, 깨떡 먹고 웃지 마라.

첫 번째 조언은 까만 깨가 고소하게 발라진 깨떡을 먹으며 내가 깔깔대고 웃을 때 한 말이다. 아빠는 안타까운 표정으로 말했다. "진경아, 깨떡 먹고 웃으면 안 된다." 이 사이로 느껴지는 울퉁불퉁한 감촉으로 내 이에 가득 낀 깨는 이미 알고 있었다. 떡만 내려가고 깨는 남았구나. 하지만 깨떡을 하나만 먹을 건 아니잖은가. 깨떡을 다 먹을 때까지 사람이 웃지도 못하는가. 기분이 언짢았지만 거울에 비친 내 이빨을 봤을 때 수긍하지 않을 수 없었다. 이러고 웃을 순 없겠군, 하는 생각이 들었다. 그 뒤로 깨떡을 먹을 때면 아빠 말이 떠올라 아무래도 조심하게 된다.

둘째, 선크림은 얼굴에서 목까지 이어지게 발라라.

두 번째는 평소 미모 유지에 힘쓰는 아빠가 특별히 시범까지 보이며 알려줬다. 선크림을 목까지 잘 펴 바르지 않으면 얼굴만 동동 뜬다는 것을. "봐라, 얼굴만 바르고 목은 안 바르면 숭허지? 목까지 이렇게 발라야 자연스럽지." 거울 앞에서 아빠의 얼굴과 목을 구분 짓던 경계가 사라지는 모습을 신기하게 바라봤다.

셋째, 운전할 때는 멀리 봐라.

세 번째는 엄마에게 운전을 가르쳐줄 때도 늘 했던 말이다. 운전대를 너무 밭게 잡지 말고, 시선은 항상 멀리까지 봐야 한다는 것. 내가 운전을 시작한 뒤 아빠는 운전에 도움 되는 여러 조언을 해준다. 무턱대고 앞차만 따라가면 안 된다, 후진할 때는 특히 조심해야 한다, 보험 들었으니 사고 나도 당황하지 말아라 등등. 하면 안 되는 일의 예시로 종종 엄마의 경우를 들며(아빠는 주로 안 좋은 예를 들 때 엄마를 자주 등장시킨다) 사례를 풍부하게 나열한다.

깨떡은 즐겨 먹는 음식이 아니고, 선크림 역시 귀찮아서 거의 안 바르기 때문에 앞선 두 조언은 마음에만 새기고 있다. 반면 오랜 시간 운전을 업으로 해온 아빠이기에 운전에 관한 조언은 심리적으로든 기술적으로든 큰 도움이 된다.

아빠는 우편 차를 모는 기능직 공무원이었다. 자가용도 꽤 일찍 샀다. 동네에 차 있는 집이 많지 않던 때였다. 내가 기억하는 우리 집 첫 번째 차는 검은색 세단이다. 당시 서울에 살던 아빠 친구가 타던 차를 얻어왔다고 했다. 차가 꽤 컸지만 그 차가 우리 집에 있던 기간은 길지 않았다. 우리 식구는 할머니, 부모님, 딸 넷으로 총 일곱 명이었다. 식구 수를 고려하지 않은 5인승 차는 우리 가족에게 적합하지 않았다.

그 뒤 9인승 봉고차가 왔다. 바람 쐬러 다니기 좋아하는 아빠가 산 차였다(엄마가 운전을 배울 때 끌고 다니다 여기저기 박은 그 차다). 여름이면 우리 집 냉장고에는 항상 얼음이 가득했다. 언제 어디든 아빠가 가자고 하면 떠날 준비가 되어 있었다. 봉고차에 아이스박스를 싣고 엄마와 아빠의 지휘하에 대천 바닷가부터 안면도까지 여기저기 다녔다. 이미 사춘기가 온 네 딸은 그리 달갑지 않아 했지만 온 가족이 가는데 빠질 수 없었다. 가끔 동네 이웃들도 합류해 떠들썩한 나들이가 되기도 했다. 화려했던 봉고 시절을 끝내고 빨간 티코, 소형차, 갤로퍼가 우리 집을 거쳐 갔다.

지금 타는 아빠의 SUV는 기아에서 나온 모하비다. 내가 결혼한 다음 해인가 샀으니 10년이 넘었다. 딸들은 결혼했으니 이제 부모님 두 분만 주로 탈 텐데 아빠가 갑자기 큰 차로 바꿔서 의외였다. 연비도 좋지 않고, 차가 커서 주차할 때 빠듯하고, 유지비도 많이 들 텐데 말이다. 이런 내 마음을 읽었는지 아빠는 내 나이를 생각했을 때 아마도 이게 마지막 차가 아니겠냐고 말했다. 한번 차를 사면 기본 10년 이상, 폐차할 때까지 타는 아빠의 성향상 그렇게 될 확률이 높았다. 그 말을 들은 뒤로는 사고 없이 안전하게 잘 타시라는 말씀만 드렸다.

10년이 지난 지금도 아빠는 차를 잘 타고 다닌다. 특히 집에서 30분 거리에 있는 선산에 다닐 때 유용하다. 우체국을 정년퇴직한 후 갈 곳이 없어진 아빠는 매일 같이 산으로 출근한다. 할아버지와 할머니가 잠들어 계신 그곳에 감나무, 자두나무를 심고, 오이, 가지, 애호박, 고추를 기른다. 포장이 되지 않아 흙길인 탓에 일반 자가용으로는 오르지 못하는 곳이다. 차가 크고 힘이 좋아 웬만한 차로는 엄두도 내지 못하는 산길을 아빠의 SUV는 잘 올라간다. 뒷자리를 접으면 트렁크가 넓어져 농사지을 때 필요한 삽이나 장화, 비료도 가득 실을 수 있다. 기름값은 예상대로 많이 들지만 아빠의 즐거움을 생각하면 현명한 선택이었다.

아빠가 이 차가 자신의 마지막 차가 될 거라고 말했을 때 나는 쉽게 말을 잇지 못했다. 하지만 아빠 말대로 될 가능성이 크다는 걸 알고 있었다. 가까운 미래에 아빠는 운전면허를 반납해야 할 것이다. 그럼 아빠가 운전하는 차를 탈 일은 영영 없겠지. 젊은 아빠가 봉고차에 가족들을 태우고 신나게 바다로 향하던 기억도, 비 오던 날 우산 없는 나를 위해 학교로 데리러 오던 일도 먼 옛날이 된 것처럼.

생각만 해도 코가 시큰하다.

세 번의 중고차와 한 번의 신차

 하남의 아파트에 살다가 양평으로 주택을 지어 이사 오면서 차를 사륜구동으로 바꿨다. 집이 오르막에 있기 때문이다. 지대가 높은 다른 집들에 비하면 수월한 편이지만 그래도 경사가 꽤 있다. 더구나 양평이 어디인가. 1981년 1월 5일, 영하 32.6도의 역대 최저기온을 기록한 곳 아닌가. 눈이라도 오면 경차로 오르막길을 가기는 무리였다. 결국 차를 팔기로 했다.
 판매는 급작스럽게 이루어졌다. 집까지 방문해서 견적을 내주는 서비스가 있기에 가격이나 알아보자 하고 신청했다. 바로 약속이 잡히고 기사님이 방문했다. 아파트 주차장에 곱게 주차된 차량을 꼼꼼히 살펴보시더니 매입가를 책정해 알려주셨다. 어라? 근데 내 예상보다 높았다. 이 가격이면 당장 오늘 팔아야지, 하고 아침에 남편에게 농담처럼 얘기한 그 금액이었다. 내가 중고로 이 차를 산 금액에서 크게 떨어지지 않았다. 원래 인기가 높은 모델이고, 당시 중고차 가격이 많이 올라서 매입가도 오른 덕이었다. 아울러 1년 반 동안 1,500킬로밖에 안 타서(매일 같이 탔다지만 정말 10분 거리의 마트만 자주 다녔더니 킬로 수가 늘지 않았다) 연식에 비해 주행거리가 짧고, 늘 지하에 주차해 차가 깨끗했다. 시기에 맞게 엔진 오일 갈고, 에어컨 필터 교체하고, 블랙박스도 앞뒤로 달았다. 게다가 애초에 풀 옵션 차가 아니더냐!

이사를 며칠 앞둔 시점이라 차가 없으면 불편한데, 하는 생각에 잠시 머뭇거렸다. 그러자 기사님은 처음 제안한 금액에서 20만 원을 더 올리셨다. 원래는 쿠폰으로 지급되는 것을 현금으로 주겠다고 하셨다. 더 망설일 이유가 없었다. 바로 그 자리에서 거래가 이루어졌다.

차를 팔고 며칠 뒤 우리는 양평 주택으로 이사했다. 집 정리가 덜 된 탓에 아이와 나는 지방에 있는 친정에 내려가 며칠을 지냈고, 일주일 뒤 남편이 데리러 왔다. 양평은 대중교통이 불편해 차로 이동하는 게 대부분이라 올라가면 바로 차가 필요했다. 매일 데려다줘야 하는 아이 어린이집부터 문제였다. 1년 반 전, 첫 차를 살 때처럼 남편과 나는 중고차 사이트를 뻔질나게 드나들었다. 어떤 차를 골라야 할지 막막했다. 소형차부터 중형차, SUV, 픽업트럭까지 분야를 넘나들며 살펴봤다.

"이야, 이것 좀 봐. 픽업트럭 멋지다!"

"이참에 픽업트럭 장만해 봐?!"

픽업트럭을 보며 잠깐 행복한 상상을 하다가(이거 있으면 나무 시장 가서 뭘 사든 바로 싣고 올 수 있겠는데?) 다시 현실로 돌아왔다. 우리의 의견은 사륜구동, 중형차로 좁혀졌다. 작은 차가 날쌔고 좋으나 남편 차가 소형차라 또 소형차를 사려니 용도가 겹쳤다. 아이를 매일 태우고 다닐 사람은 나니 안전을 위해 중형차로 바꾸고, 주말이면 그 차를 가족용 차로 이용하기로 했다.

몇 가지 매물로 의견이 모였다. 양평으로 올라오는 길에 수원에 있는 자동차 매매상에 들르기로 했다. 남편이 봐둔 매물이 거기 있었다. 규모가 엄청나게 큰, 수원을 대표하는 중고차 매매 단지였다. 첫 번째 후보에 있던 매물은 직접 차를 타보니 별로였다. 시야가 답답하고 뒷좌석 시트가 짧아 불편했다. 남편 역시 같은 생각이라 감사하다는 인사를 건네고 차로 돌아왔다. 주차장에서 다시 중고차 앱을 켰다. 전에 봐둔 매물 하나가 근처에 있어서 온 김에 이 차도 보고 가기로 했다. 통화 후 그쪽으로 이동했다. 젊은 딜러분이 나왔다.

  이 차는 예전에 한 번 탄 적이 있었다. 그때도 시야가 좋고 뒷자리가 넓어서 쾌적하다고 생각했는데 이번에도 역시나 괜찮았다. 관리가 잘 되어 있고, 연식도 적당, 주행거리도 적당했다. 사고 이력도 크게 없고, 가격도 그 모델의 평균가였다. 크게 모나지 않고 모든 게 적당한 이 차에 마음이 기울던 차에 젊은 딜러분이 아이에게 초콜릿 과자를 주셨다. 아이를 보고 일부러 사무실에 있는 과자를 챙겨온 것이다. 자신도 일찍 결혼해 아이 아빠인지라 아이들을 보면 귀엽고 챙겨주고 싶다면서. 차도 마음에 들었지만 무엇보다 아이를 위해주는 마음에 나는 홀랑 넘어갔다. 원래 염두에 두고 있던 모델이라는 점과 초콜릿 과자의 후광으로 우리는 그 자리에서 이 차를 계약했다. 차는 다음 날 탁송으로 양평 집에서 받았다.

이로써 우리는 세 번째 중고차를 맞이하게 됐다. 첫 번째는 2015년식 남편의 파란색 차, 두 번째는 2015년식 나의 하얀 경차, 세 번째는 2015년식 남색의 중형차다. 몇 년씩 시차를 두고 샀는데 우연히도 모두 2015년식이다(2015년과 인연이 있나 보다). 그리고 얼마 뒤 남편이 파란색 첫 차를 팔고, 전기차를 신차로 샀기에 세 번의 중고차와 한 번의 신차로 구매 이력이 바뀌었다.

경차를 팔고 산 나의 두 번째 차는 우리 집에 온 지 4년 차다. 연식은 10년이 넘는다. 10년 차에는 고칠 곳이 많다는데 아직은 큰 문제 없이 타고 있다(조만간 소식이 올까 봐 벌벌 떨고 있다). 경차를 타다가 중형차를 타니 차 크기가 가늠이 안 되어 처음엔 힘들었지만 익숙해진 지금은 안정감 있게 잘 다니고 있다(비록 그사이 몇 번 긁긴 했지만). 부디 큰 고장이나 사고 없이 오랫동안 함께하길 바랄 뿐이다.

처음이자 마지막
우정 여행

  2002년, 대학교 오리엔테이션에서 만난 친구들과 대학 내내 친하게 지냈다. 나까지 여섯 명인데 성향이 비슷해서 같이도 잘 놀고, 혼자서도 잘 놀았다. 비슷한 듯 다른 우리는 서로 의지하면서도 집착하거나 구속하지 않는 느슨한 연대를 추구한 덕에 긴 시간 우정을 이어갈 수 있었다. 또 다른 공통점은 모두 지방 사람이라는 것이었다. 일부러 모인 것도 아닌데 충청도, 경상도, 전라도, 경기도 태생이 고루 있었다. 부모님이 계신 고향을 떠나 타지에 왔기에 우리는 기숙사, 하숙, 자취 등을 하며 대학 생활과 서울 생활을 시작했다.

타지에서 온 우리야 늘 지하철과 버스를 탔지만 대학에 다닐 때 이미 운전을 시작한 사람들이 몇 있었다. 가끔 부모님 차를 빌려 타고 왔다며 학교의 주차장 요금이나 위치를 공유하는 대화를 들을 때면 마치 다른 세상처럼 느껴졌다. 당시 나는 면허가 없기도 했고, 운전은 나와 먼일처럼 느껴졌기 때문이다. 다른 친구들도 마찬가지였다. 우리 중 한 명이라도 부모님과 함께 살았다면 운전 시기가 더 당겨졌을지도 모르겠다. 부모님 차를 빌려 탈 수 있었을 테니까. 하지만 모두 객지 생활을 하던 우리로서는 서울에서 운전하는 일이 멀게만 느껴졌다.

그러다 대학을 졸업하고 제각기 취업한 후 한 명이 차를 샀다. 2013년이었다. 그해 6월 우리는 그 차를 타고 1박 2일 여행을 가기로 했다. 아쉽게도 여섯 명 모두 가지는 못하고, 시간이 맞는 세 명만 모였다. 친구네 집 근처 마트에서 장을 본 뒤 '쥐방이'라 부르던 친구의 쥐색 아반떼 앞자리엔 내가, 뒷자리엔 다른 친구가 탔다. 우리의 목적지는 강원도 홍천이었다.

간식으로 산 빵을 셋이 나눠 먹으며 출발했다. 차에서 먹을 거니 부스러기가 덜 떨어지는 빵을 골랐다면 좋았을 텐데, 우리가 산 것은 하필 카스텔라 꽈배기였다.

한입 먹는 순간 우수수 떨어지는 가루 때문에 친구는 허벅지에 종이를 받쳐 놓고 먹어야 했다. 조수석에 앉은 나는 가끔 내비게이션을 조작하거나 친구 입에 빵을 넣어주고 음악을 선곡했다. 운전을 잘하지 못한다던 친구는 본인의 말과 달리 부드럽게 운전했고 길도 헤매지 않았다. 홍천에 도착해서는 해본 적 없다던 평행주차도 한 번에 성공했다. 당시 무면허였던 나와 뒷자리에 앉은 친구는 물개박수를 치며 운전자를 칭찬했다.

짧은 일정이라 다른 곳을 더 가지는 않고 숙소에 있는 워터파크에서 신나게 논 뒤 저녁으로 라면을 끓여 먹었다. 고된 물놀이의 여파로 초저녁부터 잔 우리는 다음 날 체크아웃하고 점심을 먹을 요량으로 근처 맛집으로 향했다. 불판에 구워 먹는 고추장불고기와 후식으로 나오는 메밀 커피가 유명한 곳이었다. 내비게이션의 안내에 따라 식당으로 향했고, 맛집이라 그런지 주차장에 차가 많았다. 복잡한 곳에서도 친구는 빈자리를 찾아 날렵하게 차를 댔다. 박수가 절로 나왔다.

고추장불고기를 먹은 뒤 얌전하게 우리를 기다리던 쥐방이에 올라 서울로 출발했다. 전날 왔던 길이라 그런지 친구의 운전은 한층 더 안정적이었다. 셋이 소소한

이야기를 나누며 창밖 풍경을 구경했다. 길이 막혔던가, 서울로 돌아오는데 전날보다 시간은 조금 더 걸렸다. 그래도 친구의 부드러운 운전 덕에 무사히 서울에 도착했다. 자가용이 아니면 오기 힘든 곳을 운전하는 친구 덕에 편하게 올 수 있었다.

긴 시간 알고 지낸 사이지만 기차나 지하철, 버스가 아니라 친구가 직접 운전하는 차를 타고 한 여행은 난생처음이었다. 멋지게 선글라스를 끼고(터널에 진입하면 선글라스를 올리고, 터널 밖으로 나오면 다시 선글라스를 내리느라 친구가 좀 바빠 보였지만) 신나게 운전하던 친구의 옆 모습을 생각하면 아직도 가슴이 몽글몽글하다. 초보인데 장거리 운전을 할 수 있을까 걱정하던 마음과 달리 능숙하게 운전하는 모습에 내가 더 뿌듯하고 친구가 대견하기까지 했다. 대학 시절 날이 좋을 때나 궂을 때나 지하철이나 버스를 타는 게 당연했던 우리였는데 말이다.

오늘 못 온 친구들까지 다음에는 여섯 명 모두 같이 오자고 약속했다. 하지만 다짐과 달리 결혼하고, 멀리 떨어진 곳으로 이사하는 등 여러 사정이 겹쳐 이 여행을 끝으로 몇 년이 지나도록 다시 뭉치지 못했다. 이날이

대학 친구들과 자동차로 한 처음이자 마지막 여행이 됐다. 언제가 될지 모르지만, 친구들과 다시 여행 갈 날을 기다린다. 그날은 내가 운전해야겠다.

남편이 아프면

"여보, 나 발이 이상해."

자정이 가까워 퇴근한 남편이 절뚝이며 집에 들어섰다. "왜? 어디가 안 좋은데?" 깜짝 놀라 물으니 오른발로 땅을 디디면 통증이 올라온다고 한다. 아침부터 조금 이상하더니 오후가 될수록 점점 안 좋아져서 집까지 간신히 왔다고. 외부 충격이 가해진 것도 아니고, 발을 헛디딘 것도 아닌데 갑자기 못 걸을 수가 있나 싶었다. 남편을 부축해 일단 소파에 앉혔다. 외관상으로는 이상이 없었다. 2년 전 왼쪽 발을 헛디뎌 뼈가 부러진 내 경험에 비추어보면 골절되면 그 부분이 퉁퉁 부었다. 그런데 남편 발은 멍이 들지도, 붓지도 않았다. 겉으로 보기엔 멀쩡한데 땅에 닿기만 해도 아파했다.

"골절까진 아닌 것 같고, 미세하게 금이 갔나?"

"피로골절인가?"

"어제 외발 런지를 했는데 그때 좀 무리한 것 같기도 하고."

우리는 남편의 행적을 추적하며 원인을 추측했다. 남편이 지목한 건 전날 집에서 한 운동이었다. 평소 건강 관리에 힘쓰는 남편은 날이 좋으면 주에 2~3회 30분가량 달리기하고, 집에서 근력 운동을 조금씩 한다. 어제는 평소 하던 런지가 아니라 조금 다른 방법으로 했다고. 그때 발에 무리가 간 것 같다고 했다. 이런 통증이 생긴 건 처음이었다. 뭔가 이상이 있는 게 분명하니 날이 밝는 대로 병원에 가기로 했다.

다음 날 아침, 남편은 밤사이 조금 나아진 모양이었다. 그래도 여전히 절뚝댔는데, 자기의 상황을 인지 못하고 출근하려고 하길래 먼저 발이 부러져본 선배로서 말렸다.

"걱정하지 말고 옆에 타. 내가 병원 데려다줄게."

"나 오후에 미팅 있어서 사무실도 가야 해."

"사무실도 내가 데려다줄게. 너 운전 못 한다니까? 내가 봤을 때 오늘 병원 가면 무조건 깁스야."

나가는 건 그렇다 쳐도 오른발에 깁스하면 운전을 못 하는데 집에 어떻게 온단 말인가. 남편은 아파도 쉴 수 없는 개인사업자라 일 걱정이 우선이었다.

남편을 태우고 미리 찾아 놓은 정형외과로 향했다. 병원은 서울에 있었다. 서울 운전이 무서워 서울 갈 때는 지하철이나 버스를 타는데 오늘은 그럴 수 없었다. 아픈 남편 걱정과 운전 걱정 중 뭐가 더 컸는지 묻는다면 운전에 조금 더 추가 기울었을 것이다. 그래도 다행인 건 병원이 남편 사무실 근처에 있어서 조금은 익숙한 경로였다는 점이다. 중간에 몇 번 주춤거렸으나 생각보다는 수월하게 병원에 도착했다. 주차도 그 정도면 성공했다. 지하에 주차하고 올라가려는데 전날 내린 폭우로 엘리베이터가 고장 나서 운행이 중지된 상태였다. "하, 어쩐지 운이 좋더라니." 긴 한숨과 함께 탄식이 절로 나왔다. 목발을 짚고 계단을 오르긴 어려워 남편은 깽깽이걸음으로 지상 2층까지 올라갔다.

대기 시간은 있었지만 의사 선생님을 만나 여러 검사를 하고 피를 뽑았다. 엑스레이상 뼈에는 이상이 없었다. 그렇다면 근육 쪽 문제거나 다른 원인이 있을 수 있다는 이야기를 들었다. 오늘은 물리치료만 받고 일주일 뒤에 나오는 피검사 결과를 기다리기로 했다. 물리치료가 끝난 뒤 깁스하고 병원을 나왔다.

남편에게 1층 주차장 출구에서 기다리라고 하고, 나는 지하 주차장으로 향했다. 남편이 서 있는 자리에 차를 세우면 바로 타면 되니 편하겠지. 오래 걸어 내려가거나 복잡한 주차장에서 차를 빼 올 때면 남편이 나를 배려해준 방법이었다. 나와 아이는 가까운 곳에서 기다리고, 남편 혼자 멀리 걸어가서 차를 가지고 오는 일. 약속한 장소에서 기다리고 있으면 남편이 우리 앞으로 차를 댔다. 그럼 아이와 나는 차에 후딱 올라타기만 하면 됐다. 그간 남편이 해준 배려를 오늘은 내가 할 수 있어서 내심 뿌듯했다. 오후에 잡혀 있던 남편의 미팅은 다른 분의 사정으로 취소됐다. 아픈 몸으로 어떻게 가나 걱정했는데 다행이었다.

약을 타서 집으로 향하는데 긴장되는 서울을 벗어나 익숙한 북한강로에 접어드니 기분이 묘했다. 오랫동안 품고 있던 걱정 하나가 떠올랐다. '우리 가족 셋 중 남편이 아프면 어떻게 하지?'라는 생각이다. 아이나 내가 아프면 남편이 태워서 병원에 가겠지만 정작 남편이 아플 때를 상상하면 불안했다. 급히 서울의 큰 병원에 가야 한다면? 예전의 나라면 직접 갈 생각은 못 하고 부탁할 만한 주변 사람을 떠올리기 바빴을 것이다. 하지만 지금은 상황이 다르다. 누구에게 부탁할 것 없이 내가 가면 된다. 오늘 해보니 조금 자신이 생겼다. 이제야 비로소 남편은 마음 편히 아파도 되는 것이다.

처방받은 약을 먹으니 증상은 빠르게 호전됐다. 3일째 되는 날은 깁스도 풀었다. 그리고 일주일 뒤 피검사 결과를 통해 남편의 병명이 나왔다. 전혀 예상 못한 '통풍'이었다. 혈액 속 요산 수치가 높았다. 뼈나 근육이 어떻게 된 줄 알았는데 통풍이라니. 평소 음식도 건강하게 먹고 운동도 틈틈이 하는데 마흔이 넘으니 몸이 이렇게 신호를 보내는구나 싶었다. 충격에 휩싸인 남편은 슬픔에 잠겨 통풍에 안 좋다는 맥주와 고기, 생선을 당분간 줄이기로 했다.

나이 영향도 있겠지만 남편은 최근 몇 달을 새벽에 출근하고, 주말에도 사무실에 나갔다. 어느 달에는 고작 이틀을 쉰 게 전부였다. 무리를 하니 몸이 배기지 못한 것 같다. 이번 일을 계기로 조금은 여유를 갖기로 했다.

말처럼 쉽지 않겠지만 몸이 보내는 쉬어가라는 신호를 받아들여야 할 때다.

그 옛날의 라이딩

어릴 적 우리 집은 초등학교도 가깝고, 중학교도 가까웠다. 집이 멀어 버스를 타고 다니는 친구들도 있었는데 나는 걸어 다녔다. 다만 10분 거리였던 중학교와 달리 고등학교는 좀 더 멀어서 통학 시간이 도보 25분으로 늘어났다. 전처럼 가까운 거리는 아니었지만 음악 들으며 걷는 것을 좋아해 1, 2학년 때는 대부분 걸어 다녔다. 학교가 끝난 뒤 친구들과 읍내의 번화가로 놀러 갈 때는 버스를 탔고, 비가 오거나 몸이 힘들어 걷기 힘든 날은 부모님께 연락했다.

하루는 아침에 맑던 하늘이 점점 흐려지더니 집에 갈

때가 되자 비가 세차게 쏟아졌다. 우산이 없어서 공중전화로 아빠에게 연락했더니 금방 온다고 했다. 비 맞으니 밖에 나오지 말고 학교 건물 안에 있으라고 신신당부하며. 부모님을 기다리는 다른 친구 몇몇과 학교 현관에 옹기종기 모여 있었다. 잠시 뒤 아빠가 도착했다. 아빠는 차를 세운 뒤 우산을 꺼내 쓰고 세찬 비를 뚫고 내가 있는 곳까지 왔다. 큰 우산 하나를 아빠와 나란히 쓰고 차 있는 곳으로 갔다. 아빠가 우산을 씌워준 덕분에 나는 별로 안 젖었지만 아빠 몸에서는 빗물이 뚝뚝 떨어졌다. 비슷하게 친구네 차도 도착했다. 친구는 우산이 없으니 자기 아빠도 여기까지 오겠거니 생각한 것 같다. 잠시 뒤 친구의 아빠가 창문을 내리고 소리쳤다. "왜 안 와!" 친구는 입을 뚱하니 내밀고 가방을 머리에 뒤집어쓴 채 차로 뛰어갔다.

수능을 앞둔 고등학교 3학년 시절 야간자율학습이 끝나면 시간은 자정을 향했다. 요란한 종이 울리면 수백 명이 가방을 싸서 교실을 나섰다. 학교가 산에 있고, 그 시간에는 버스도 끊겨서 기숙사에 살거나 주변에서 자취하는 몇몇 친구를 제외하고는 주로 부모님이 마중 나왔다. 도로에서 학교 안까지 이어진 긴 경사로에는 차들이 빽빽하게 줄지어 있었다. 핸드폰이 없던 때라 연락할 방도가 없어 눈에 힘을 잔뜩 주고 우리 집 차를 찾아야 했다. 가끔 자기 집 차를 못 찾아 학교 앞 오르막길을 여러 번 오르내리는 친구도 있었다. 마중 나온 사람도 마찬가지였다. 똑같은 교복을 입은 아이들 가운데 자기 딸을 찾아야 하니 길가를 서성이거나 창문을 내리고 밖을 보느라 여념이 없었다.

우리 집도 야자가 끝나는 시간에 맞춰 마중을 나왔다. 엄마나 아빠, 아니면 두 분이 같이 왔다. 늦게 오면 자리가 없어서 가까운 곳에 차를 대려고 일찍 나오곤 했다는 부모님. 당시 우리 집 차였던 빨간 티코는 다행히 밤에도 눈에 잘 띄었다. 번호판을 대충 보고 타니 무채색에 흔한 차종은 누구 집 차인지 헷갈리기 쉬웠다. 그래서 "어제 인정이가 은영이네 차에 잘못 탔대"라는 해프닝이 종종 일어나 웃음을 주곤 했다. 당시 빨간 티코는 매우 드물어서 나는 그럴 일이 없었다.

가끔은 바로 앞집에 살던 큰언니와 형부가 오기도 했다. 당시 아기였던 조카도 함께 왔다. 야자가 끝나고 기숙사 앞을 지나는데 어느 차 앞에 사람들이 많이 모여 있었다. 무슨 일인가 보니 언니네 차였다. 내가 타려고 하니 친구들이 물었다. "진경아, 네 조카야?" 워낙 예쁘게 생겨서 사진관에도 얼굴이 걸릴 정도로 귀여운 조카였다. 차 안에 예쁜 아기가 타고 있으니 다들 모여서 구경한 것이다. 그 뒤 엄마는 밤늦은 시간에 자야 하는 아기를 데리고 종종 학교에 왔다. 그러고는 조카를 안고 괜히 걸어 다니며 아기에게 쏟아지는 관심과 칭찬을 즐겼다. 야밤에 어른들에게 안겨 교정을 배회하던 조카는 어리둥절한 표정이었다.

간혹 우리 집 차로 다른 친구를 데려다주기도 했다. 엄마와 나, 친구 이렇게 셋이 차에 탄 날이었다. 당시 나는 힙합 그룹 '드렁큰 타이거'에 취해 있어서 그들의 노래를 차에 틀었다. 〈너희가 힙합을 아느냐?〉가 나온 것 같다. 빨간 티코 안에 빠르게 휘몰아치는 랩이 울려 퍼졌고 친구와 나는 사춘기 그루브를 타며 고개를 까딱였다. 엄마는 그런 우리를 보더니 말했다. "노래 좋다." 친구와 나는 당황했다. 트로트만 듣는 줄 알았던 엄마가 힙합 음악을 좋다고 하다니! 지금 생각해 보면 엄마는 음악 그 자체보다 친구와 내가 노래를 따라 부르고 고개를 까딱이며 즐기는 모습을 좋아한 것 같다. 딸과 딸 친구의 늦은 귀가를 책임지는 밤, 한적한 도로를 달리며 아이들이 즐겨 듣는 노래를 함께 듣는 순간이 좋았던 게 아닐까.

  1년 가까이 이어진 라이딩은 내가 수능을 본 뒤 막을 내렸다. 당시 부모님이 매일 나를 기다리느라 늦게까지 잠 못 자는 게 미안하던 차였다. 그럴 때면 부모님은 힘들지 않다며 오히려 서로 데리러 오려고 했다면서 마음의 부담을 덜어줬다. 막내딸을 기다리는 일이 끝나자 부모님은 초저녁이면 잠자리에 들었다. 아이를 낳아 키우니 그때의 부모님 마음을 조금이나마 알겠다. 힘들지 않다는 말은 거짓이다. 그럼에도 졸린 눈을 비비며 피곤한 몸으로 매일 기다릴 수 있었던 건 사랑이 더 크기 때문일 것이다.

캠핑카를 타고 온 친구

집에 대학교 친구들을 초대했다. 몇 년 만의 모임이었다. 오리엔테이션 때 처음 만난 그 친구들이다. 우리끼리 본 지도 오래됐지만 가족까지 모이는 건 처음이었다. 모두 여섯 명이지만 한 명은 중국에, 한 명은 울산에 있어서 참석이 어려웠다. 이번에는 시간이 가능한 넷만 모이기로 했다. 약속을 잡고 며칠 뒤 한 친구에게 연락이 왔다.

"혹시 캠핑카 타고 가도 돼?"

"캠핑카? 너 캠핑카 샀어?"

"응, 큰 건 아니고 아파트 주차장에도 들어가는 크기

야. 주차할 데 있을까?"

주차가 가능하다고 하자 친구는 잘됐다며 좋아했다. 캠핑하러 갔다가 끝나고 오는 건가 했는데 집에서 출발할 예정이라고 한다. 캠핑카 역시 일반 차처럼 관리가 필요해 주기적으로 움직여줘야 한단다. 그래서 주말에 어디 나갈 일 있으면 종종 끌고 다닌다고. 모임 날이 다가올수록 나의 기대는 커졌다. 세상에, 내 친구가 캠핑카를 타고 오다니!

모임 당일, 약속한 시각에 맞춰 친구네 가족이 위풍당당하게 도착했다. 친구와 친구 남편, 아이 둘까지 네 식구가 멋진 캠핑카에서 내렸다. 캠핑카를 이렇게 가까이에서 본 건 처음이라 신기했다. 모임에 참석한 다른 친구들과 괜히 차 주위를 둘러보고, 내부도 구경했다. 집 옆에 주차한 차를 둘러싸고 여럿이 웅성거렸다. 아이들은 신발을 벗고 차 안에 들어가 신기한 듯 두리번거렸다.

친구네 캠핑카는 대형 밴을 개조한 '모터 카라반'이다. 주행과 캠핑 기능을 모두 갖췄다. 기존 차를 개조해 나온 제품으로 내부가 아늑했다. 식탁과 침대, 화장실까지 있어 먹고 자는 데 문제가 없다. 넷이 잘 수 있냐는 물음에 친구가 답했다. "우리 가족한테는 딱 맞아. 다들 체구가 아담해서. 하하하!" 키는 아담하지만 마음은 큰 친구가 능청스레 말했다. 이제 막 초등학교에 들어간 친구의 첫째와 여섯 살 둘째는 차가 마음에 드는 눈치다. 자신들이 앉는 자리도 알려주고, 침대도 가리키며 설명했다. 친구 말대로 크고 화려한 캠핑카는 아니지만 담백한 친구네 가족과 잘 어울렸다.

평소에 캠핑을 자주 다녀서 캠핑카를 장만한 줄 알았는데 그건 아니었다. 아이들을 데리고 자연 속에서 마음껏 놀다 오고 싶은 마음은 있는데 캠핑은 텐트도 쳐야 하고 준비할 게 많아서 쉽게 가지 못했단다. 이 차를 산 건 냄비를 비롯해 다른 물건들을 차에 항시 넣어두니 짐 챙길 필요가 없고, 텐트 치는 번거로움을 줄일 수 있어서였다. 캠핑카가 있으면 언제든 홀연히 떠날 수 있으니 말이다.

"사실 자고 오는 경우는 잘 없어. 잠은 집에서 자는 게 편하거든. 그냥 캠핑카 타고 경치 좋은 데 가서 낮 동안 애들이랑 놀다가 저녁이면 집에 와."

그럴 거면 그냥 일반 차를 타고 가도 될 텐데 물 채워 넣고 관리할 거 많다면서 캠핑카는 왜 산 건지 의아했다. 친구 부부는 "그러게" 하며 웃었다.

친구네가 캠핑카를 산 데에는 좀 더 깊은 속내가 있었다. 가족상을 치르고 친구네 가족은 한동안 힘든 시간을 보냈다고 한다. 부고 연락을 돌리지 않아 친구 부부에게 그런 일이 있었는지 까맣게 몰랐다. 둘이 결혼 준비할 때도, 그러니까 몇 년 전에도 가까운 가족이 하늘나라로 떠났다. 우리 나이가 부모님을 떠날 보낼 시기에 접어들었다 해도, 양가 부모님이 그렇게 가시기에는 이른 나이였다. 몇 번의 이별이 지나간 뒤 곁에 남은 건 결국 가족이었다. 아이들과 하루하루 무탈하게 보내는 시간이 얼마나 소중한지 새삼 깨달았다고 한다.

그 외에도 개인적으로 다른 일이 겹쳐 한동안 마음고생을 했다고. 서로 얼굴 보고 만난 것은 몇 년 만이기에 이제야 터놓는 이야기를 들으니 그간 둘이 겪었을 힘든 시간이 느껴졌다. 내가 아는 친구는 돈을 허투루 쓰지 않는 사람이기에 의외의 지출이었는데, 친구 부부가 큰맘 먹고 캠핑카를 산 이유를 그제야 알게 됐다. 캠핑이 거창한 건 아니니까. 캠핑카에서 안 자고 오면 어떤가. 경치 좋은 곳에서 넷이 오순도순 가져간 도시락 먹고 아이들이 졸려 하면 차에서 낮잠 좀 재우고 놀다 오면 그게 캠핑이지. 무엇보다 아이들이 좋아한다니 성공이다.

    모임이 파하고 다들 집으로 가는 길에 친구네 첫째와 둘째는 캠핑카에 올라 자기 자리를 찾아 앉았다. 친구도, 친구 남편도 각자의 자리에 앉아 손을 흔들었다. 십여 년 전, 친구가 결혼할 사람이라고 지금 남편을 소개했을 때 잘 어울리는 한 쌍이라고 생각했다. 그 생각은 시간이 흐른 지금도 변함이 없다. 둘은 더 단단한 부부가 됐다. 다음 모임은 또 언제 기약할 수 있을지 모르겠다. 그동안 친구가 캠핑카에서 즐거운 추억을 많이 쌓기를, 이들 부부에게 지금처럼 웃을 일이 자주 있기를 기도한다.

뒷자리 승객의 대화를 엿들으며

보통은 뒷자리에 우리 아이만 태우고 다니지만 가끔 아이 친구도 함께 탈 때가 있다. 그럼 뒷자리에서 자기들끼리 쫑알거리는데 어린이들의 대화를 엿듣는 재미가 쏠쏠하다. 좀 더 어릴 때는 무언가 얘기를 해도 서로 잘못 알아들어 동문서답을 하거나 손짓 눈짓으로 말하는 경우가 많았다("차 타고 멀리 가?" "나는 멀미 안 해." '멀리'를 '멀미'로 듣고 서로 다른 말을 한 것이다. 신기한 건 응답오류에도 불구하고 대화가 어찌어찌 이어진다는 것).

그러나 지금은 나이 좀 먹었다고 자기들끼리 제대로

된 대화를 한다. 나는 운전해야 하므로 아이끼리 대화하게 두고, 되도록 거기에 끼지 않는다. 운전이 가장 큰 이유지만 좀 더 편하게 이야기 나누라는 의도도 있다. 엄마가 듣고 있다고 생각하면 솔직한 대화가 힘들지 않을까 싶어서다. 10분 정도의 짧은 거리를 이동하는 동안 어린이들의 대화 소재는 무궁무진하다. 그중 몇 개를 들어본다.

첫째, 주로 고발이다. 고발 대상은 부모님이 가장 큰 비중을 차지한다. "저번에 앞에 차가 갑자기 끼어들어서 아빠가 욕했어. 하지만 이번은 용서해주기로 했어. 그 차가 너무 갑자기 와서 우리 다 깜짝 놀랐거든.", "엄마가 운전할 때 나쁜 말 하면 그때마다 벌금 내기로 했어." 가족끼리도 아는 사이라 이런 말을 들으면 그들의 얼굴이 자연스레 떠오른다. 아니, 그 점잖으신 분이 그럴 리가! '엄마는 여태 벌금을 얼마나 내셨니?'라고 묻고 싶지만 참는다. '이 이야기는 못 들은 거다'라며 스스로 세뇌하기도 한다. 그리고 다짐한다. 아이들은 모든 일을 이야기하고 다니니 애 앞에서 조심 또 조심해야 한다고.

둘째, 어디서 들은 건지 알 수 없는 흉흉한 소문이다. "내년에 초등학교 가면 공부 엄청나게 해야 한대(1학년에게 그리 많은 공부를 시키지는 않을 텐데?)", "교복이라고 다 똑같은 옷을 입는대(우리 동네 초등학교는 교복이 없다. 교복은 중학교부터다)", "두 시간을 앉아 있어야 한대(1학년 수업 시간은 한 교시당 40분이다)", "아직 공룡이 사는 곳이 있어(그럴 리가)!" 등등. 가끔 너무 터무니없는 이야기를 하면 개입해서 알려주기도 한다. 낮에 보이는 허연 달을 보고 자꾸 '해'라고 하길래 못 참고 저건 '달'이라고 정정해줬다. 잘 알아들었는지는 모르겠다.

이들 외에 나머지는 범주를 정할 수 없는 잡다한 이야기다. 모래 놀이터에 똥을 싼 게 고양이일지 개일지, 어린이집 마당에 있던 사마귀를 내일 또 만날 수 있을지 같은. 그러던 어느 날 새로운 양상의 대화가 포착됐다. 하원하고 내 차에 올라탄 둘은 한껏 올라간 어깨로 팔짱을 끼더니 씩씩거렸다.

"어떻게 그런 심한 말을 할 수가 있어?"

"그러니까!"

어린이집에서 무슨 일이 있었던 걸까? 둘 사이의 일은 아닌 것 같고, 제3의 인물이 무슨 말을 한 것 같은데…. 그런데 '심한 말'이라니, 설마 욕을 한 건가? 여태 그런 일은 없었는데? 아, 드디어 우리 애들도 그런 시기에 도달한 건가? 심장이 쿵쾅댔다. 애써 태연한 척하며 귀를 쫑긋 세우고 이어지는 대화를 기다렸다.

"아니, 어떻게 다시는 같이 안 놀겠다고 말해?"

"'죽어도' 같이 안 논다고 했다니까!"

'아, 욕은 아니네.' 마음이 놓이면서 웃겼다. 이제 절교 선언도 나오는구나. 뒷이야기가 궁금했지만 두 어린이는 목적지에 도착하자 미련 없이 하차했다. 조금 전의 분노는 잊은 채 방실방실 웃으며. 짧은 거리라 벌써 운행이 끝난 게 그저 아쉬웠다.

며칠 뒤 단호한 절교 선언이 어떻게 진행되는지 궁금하던 차에 키즈 노트의 알림장을 봤다. 사진 속 아이들은 해맑게 블록 놀이를 하고, 똥을 치운 모래 놀이터에서 신나게 구덩이를 파고 있었다. 절교 선언을 했다는 친구와는 사진마다 옆에 붙어 있기에 물어봤다.

"저번에 같이 안 논다고 하지 않았어?"

"그랬는데, 다음 날 어린이집 가자마자 같이 놀았어."

내가 능청스럽게 묻자 아이도 머쓱한 듯 입꼬리를 살짝 올리며 답했다. "그래, 친구가 원래 그런 거지." 우리는 같이 웃었다.

아빠
내비게이션

주말을 이용해 하룻밤 자고 가는 일정으로 친정에 왔다. 첫날은 집 정리하고, 아빠가 물어본 핸드폰 기능을 설명해드리고(기종이 달라서 해결은 못 했다), 아빠가 작성하는 산림일지를 같이 봤다. 다음 날 아침, 언제 올라갈까 하고 시간을 가늠하는데 아빠가 "잠깐 논에 다녀오자"라고 말했다. "엄마 바람도 좀 쐬고"를 덧붙이며.

바깥 구경하기 힘든 엄마가 앞에 타고 아빠가 뒷자리에 앉았다. 논은 집에서 30분 거리에 있다. 내비게이션이 안내를 시작하는데 아빠가 뒤에서 말했다. 자기가 길을 알려줄 테니 내비게이션 말 듣지 말고 자기 말대로 가면 된다고. 아빠가 농사지으러 매일 다니는 길이니 아빠 말을 믿고 출발했다. 날씨는 더웠지만 차 안은 에어컨이 나와서 시원하고 쾌적했다. 오랜만의 외출이라 엄마도 들뜬 모습이었다. 아파트를 빠져나오자 내비게이션은 우회전하라고 했지만 아빠는 직진을 외쳤다. 이어서 한참 동안 내비게이션 말은 무시하고 아빠 말대로 갔다. 그 덕에 내비게이션은 새로운 경로를 찾느라 분주했다. 아빠에게 "지금 가는 게 지름길이에요?"라고 물었더니 내비게이션이 알려주는 경로는 신호등이 많다고 한다. 아빠는 계속해서 신호를 가장 적게 받는 길을 알려줬다.

내비게이션 말대로 가면 어떤지 모르겠으나 아빠가 가르쳐준 길은 신호도 적고 수월했다. 다만 한 가지 문제는 아빠가 자꾸 한 박자 늦게 길을 알려주는 것이었다. 내비게이션이 우회전하라는데 아빠가 가만있길래 물어봤다. "아빠, 여기서 우회전해요?" 아빠는 그제야 주변을 살피며 "가만, 여기가 어디쯤이지?" 하다가 우회전하려는 찰나에 와서야 "아녀, 직진으로 더 가" 하는 식이다. 다음 교차로에 이르러 "그럼 여기서 우회전해요?"라고 물었다. "여기서 해도 되고, 다음에 해도 되고. 어차피 저기에서 만나거든." 하나로 콕 정해서 알려주면 좋으련만 태평한 아빠와 달리 나는 수시로 선택의 갈림길에 섰다. 결국 내비게이션 보랴, 아빠한테 물어보랴 두 배로 바빠졌다.

그래도 구획이 잘 되어 있는 신도시 도로는 양반이었다. 도착지인 논에 거의 다 와서 시골길에 접어드니 문제가 커졌다. 사방이 논과 밭밖에 없는 2차선 도로에서 아빠는 말했다. "여짝으로 가." 아빠가 가리키는 '여짝'에는 길이 족히 세 개는 있었다. 우리가 지금 타고 있는 2차선 큰길과 작은 논두렁 길 두어 개. 심지어 아빠는 뒷자리에 앉아 있어서 나는 아빠가 손가락으로 가리키는 '여짝'이 어딘지 고개를 돌려 확인해야 했다. 아빠가 가리킨 곳은 차가 과연 들어갈까 싶을 만큼 좁았다.

"여기 차 돌릴 수 있어요?"

"없어."

"그럼 이따 어떻게 나와요?"

"저기 끝까지 가. 그럼 큰길 나와."

여차하면 옆으로 굴러떨어질 것 같은 좁은 길을 조심조심 갔다. 핸들을 잡은 손에 힘이 들어갔다.

"스톱!"

얼마 뒤 아빠의 말에 멈춘 곳에는 수많은 논이 있었고 그 가운데 아빠가 벼를 심은 땅이 나왔다. 엄마는 차에 있고 아빠와 나만 내려서 논을 보러 갔다. 벼가 많이 자라 쌀알이 맺혀 있었다. 논을 한 바퀴 돌며 이곳저곳을 살폈다. 아빠는 벼를 심긴 심었는데 시간이 없어서 농사가 잘되진 않았다며 아쉬워했다. 그러고 보니 옆에 논은 깔끔한데 아빠 논은 피가 삐죽삐죽 솟아 있었다. '어쩐지, 벼 모양이 좀 이상하더라니.' 매끈한 다른 논들과 비교할 순 없지만 봄부터 고생한 곳이라 넓은 땅에 누렇게 익어가는 벼를 내게 보여주고 싶었나 보다.

논을 둘러보고 차로 돌아와 길 끝까지 직진해서 도로로 합류했다. 아빠는 근처에 사는 외삼촌과 친구에게 콩국수를 먹자며 전화를 걸었다. 외삼촌은 바로 콩국수 집으로 오기로 하고, 아빠 친구분은 내 차로 함께 갔다. 아빠는 '우리 막내딸'이라며 운전석에 앉은 나를 소개했다. 오랜만에 외삼촌도 만나 다섯 명이 콩국수 집에 갔다. 엄마는 아끼는 동생을 만나서 싱글벙글했다. 점심시간 전인데도 사람이 많았다. 여름에만 장사하는, 근방에서 가장 유명한 집이었다. 아빠 말대로 싸고 기가 막히게 맛있는 콩국수를 먹고 우리는 다시 집으로 향했다.

 돌아오는 길에도 아빠는 내비게이션 대신 자기가 길을 알려주겠노라 말했다. 내비게이션을 켤 필요 없다고 했지만 아까의 경험으로 나는 휴대폰의 내비게이션을 켜 놨다. 이번엔 경유지가 추가됐다. 병원과 약국이다. 차가 움직이자 그때부터 또다시 한 박자 느린, 이번엔 질문 기능까지 추가된 아빠 내비게이션이 안내를 시작했다.

 "경찰서에서 잠깐 받을 게 있는데, 여기서 우회전해라."

 "지금?"

 "저기 약국 문 열었니?"

 "나는 운전하느라 못 보지(앞만 보기에도 바쁜 내가 그곳까지 보일 리가!)."

 "여기 잠깐 세워라."

 "길 한복판이라 못 세워요."

 한 번 길을 잘못 든 뒤에 찾아간 경찰서 민원실은 일요일이라 닫혀 있었고, 병원 앞은 주차가 안 돼서 근처 공영주차장에 차를 댔다. 약국은 다행히 영업 중이었다. 틈틈이 아빠와 옥신각신했으나 그래도 할 일을 다 마치고 집에 왔다.

잠깐의 나들이가 왜 이렇게 피곤한지 모르겠으나 부모님과 바람을 쐬고 왔다는 데에 의의를 둔다. 엄마가 즐거워했고, 오랜만에 외삼촌을 뵀으며, 아빠의 '투 두 리스트'를 해치웠다. 친정에서 조금 쉬다가 집으로 올라오는데 주말이라 길이 막혀서 시간이 꽤 걸렸다. 그래도 아까 논에 갈 때보다는 덜 피곤했다. 아마도 내비게이션이 정상 작동해서 그런 것 같다. 아빠에겐 미안하지만 다음에는 휴대폰 내비게이션 말을 들어야겠다.

첫 딱지의 현장

신기하게도(?) 나는 여태 과태료나 범칙금, 벌금을 맞은 적이 없다. '어? 속도가 조금 빨랐던 것 같은데?', '중간에 빨간 불로 바뀌었는데 걸리는 거 아니야?' 싶은 순간들은 있었다. 그런 때면 며칠을 불안해했으나 우편물이 날아온 적은 한 번도 없다. 혹시나 해서 경찰청 교통민원24 홈페이지에 들어가 조회도 했으나 기록이 없는 걸 보아 허용 범위 안에 들어갔나 보다. 운전하고 다니면 실수를 많이 할 줄 알았는데 과태료는 용케 피하고 있다. 교통법규를 잘 지키는 우수한 운전자라서는 아니고, 내비게이션이 여기저기 포진해 있는 단속 카메라를 알려주니 그 도움이 클 것이다. 주로 동네만 다니는 것도 이유일 테고.

하지만 우리 동네에도 단속 카메라가 몇 군데 있다. 매일 다니는 이 길에서 실수해 과태료를 받은 지인들도 있다. 낯선 장소에서는 긴장하게 되는데 익숙한 길이라 무뎌져서 그런 것 같다. 대표적인 곳이 근처 초등학교 앞의 어린이 보호구역이다. 제한속도 30킬로미터인 이곳을 지날 때는 속도와 신호 두 가지 모두 주의해야 한다. 속도만 신경 쓰다가 신호를 못 보고 빨간 불에 건너는 경우가 있다.

한 지인도 마찬가지였다(프라이버시를 위해 그가 누군지는 밝히지 않겠다). 운전면허를 따고 20년 가까이 한 번도 과태료를 받은 적 없던 그는 여기서 첫 과태료를 냈다. 무려 13만 원짜리다. 공교롭게도 그의 첫 과태료 현장에 내가 있었는데 우리는 여름 더위를 피해 아이와 함께 빙수를 먹으러 가는 중이었다. 초등학교 앞을 지나는데 빨간불에 그가 아주 느린 속도로 지나갔다. 너무 스스럼없이 지나가길래 이상하다, 내가 잘못 봤나 싶었다. 물어볼까 하다가 이미 지나온 터라 말하지 않았다. 나중에 과태료를 받았다길래 날짜를 보니 나와 함께 차를 타고 간 그날이었다. 그의 말로는 앞에 트럭을 따라가며 속도만 신경 쓰다가 신호를 못 봤다고 한다. 우리는 신호를 어긴 줄도 모르고 커피숍에 도착해 1만 3,000원짜리 빙수를 먹었다. 요즘은 빙수값이 많이 올랐다는 이야기를 나눴는데 결국 빙수 가격의 10배인 13만 원을 과태료로 내게 됐다. 당분간 우리 집에서 '빙수'는 금기어가 되었다.

풍경이 멋져 드라이브 코스로 인기가 높은 북한강로에는 제한속도 60킬로미터인 단속 카메라가 있다. 서종에서 양수리로 가는 쪽에는 없고 양수리에서 서종으로 들어오는 방향에만 있다. 직선 구간이어서 앞에 차가 없으면 카메라의 존재를 깜빡 잊고 속도를 내기 쉽다. 동네 길이어서 내비게이션을 끄고 다니다가 나도 몇 번 찍힐 뻔했다. 그 뒤로 동네에서도 꼬박꼬박 켜고 다닌다. 차가 많으면 다른 차들 속도 보고 그에 맞춰 줄일 텐데 여긴 한적한 2차선 도로라 그러지 못한다. 북한강을 끼고 달리는 풍경이 좋아서 앞뒤로 차가 없으면 쌩쌩 달리고 싶어진다. 단속 카메라가 있는 곳에서 조금 떨어진 곳에 사는 언니는 최근 여기서 속도위반으로 과태료를 받았다. 집에 다 왔다는 기쁨에 과속을 한 모양이다.

동네를 벗어나 자주 가는 곳은 집에서 30분 거리에 있는 큰 쇼핑몰이다. 가는 길은 쉽지만 이곳을 가려면 터널 다섯 개와 과속 카메라 세 개를 지나야 한다. 카메라는 터널을 들어가기 전 한 개, 터널을 나온 뒤 두 개가 있다. 터널이 많아 위험하고 과속하기 쉬워서 곳곳에 있는 것 같다. 세 개의 카메라가 늘 돌아가는 건 아니다. 카메라는 아예 없고 박스만 있는 때도 있고, 세 곳 중 한두 곳만 있기도 하다.

카메라가 가까워질수록 쌩쌩 달리던 차들이 한마음이 되어 갑자기 속도를 줄이고 엉금엉금 가는 걸 보면 묘한 동질감이 든다. 내일이 없는 것처럼 추월하며 달리던 차들도 얌전해진다. 그 와중에 가끔 내비게이션을 안 켠 건지, 못 들은 건지 남들 다 천천히 가는데 속도를 줄이지 않는 차도 있다. 카메라의 존재를 모르는 게지. 그런 차를 보면 며칠 뒤에 과태료가 날아가겠구나 싶다. 알려주고 싶지만 방법이 없다. 개중에는 카메라의 존재를 뒤늦게 깨닫고 급브레이크를 밟는 차도 있다. 카메라를 지나치면 차들은 줄였던 속도를 보상이라도 받으려는 듯 다시 한껏 속도를 높인다.

각종 단속 카메라를 비롯해 방지턱, 구간 단속 등이

있는 곳은 다 이유가 있다. 아무 데나 이런 장치를 설치하는 게 아니다. 보호해야 할 대상이 있는 곳, 주의해서 운전해야 하는 곳, 사고 나기 쉬운 곳, 합류 지점 등이다. 언젠가 일방통행을 어겨서 범칙금을 받은 친구가 매일 이렇게 다녔는데 오늘은 재수가 없어서 걸렸다며 씩씩댔다. 친구의 화가 좀 수그러들었을 때 말했다. 네가 여태 운이 좋아서 안 걸린 거니 감사히 생각하고, 이제부터는 그러지 말라고. 길이 좁아서 양방향으로 차가 다닐 수 없는 곳이란 건 너도 알지 않느냐고 말이다. 모르고 진입했다면 모를까, 알면서도 가는 건 서로의 약속을 깨는 행동이다. 다 같이 약속을 지켜야 안전을 보장받을 수 있다. 비싼 과태료를 내고 후회하기보다 미리미리 조심할 일이다.

엄마, 뒤에 타

　엄마의 건강이 안 좋아지면서 일원동 삼성병원에 갈 때 혼자 버스를 타고 강남고속버스터미널로 오기가 힘들어졌다. 병원 가는 날이면 아빠가 버스 타는 곳에 엄마를 데려다주고 엄마가 자리에 앉은 걸 확인한다. 두 시간 뒤 버스가 고속버스터미널에 도착하면 내가 마중 나와 있다가 버스가 내리는 곳에서 엄마를 만나는 식이었다. 하지만 이제 엄마를 두 시간 동안 혼자 둘 수 없게 됐다. 다른 방법을 찾아야 했다.

　엄마의 병원 예약 전날, 내가 친정에 내려가 하루 자고 다음 날 새벽 엄마와 병원으로 출발하기로 했다. 양평 우리 집에서 친정이나 병원으로 바로 간 적은 있지만 친정에서 병원으로 가는 건 처음이었다. 며칠 전부터 긴장됐지만 그래도 할 수 있을 것 같았다. 조각조각 난 루트를 이어 붙이면 출발지와 도착지 모두 내가 가본 곳이므로.

전날 오후, 양평 집에서 출발해 친정으로 향했다. 당일 아이 하원과 다음 날 등원은 남편이 시키기로 했다. 지난번에 갔던 길과 내비게이션이 조금 다르게 안내한 것 같은데(심증은 있는데 물증이 없다) 큰 무리 없이 부모님 댁에 도착했다. 집에 도착해 같이 저녁을 먹고 근처에 사는 언니와 조카도 봤다. 다음 날 새벽에 출발해야 하니 미리 짐을 챙겨두고 일찍 잠자리에 들었다.

다음 날 새벽 엄마는 채혈을 위해 공복을 유지해야 해서 아침을 걸렀고, 나는 어제 사놓은 빵을 잘라 반 먹고 나머지는 식탁에 두었다. 아빠의 배웅을 받으며 필요한 것들을 챙겨 엄마와 집 나설 채비를 했다. 하루 동안 모은 엄마의 소변이 들어 있는 통, 신분증, 여벌 옷 등등. 아빠에게 인사를 하고 엄마와 둘이 지하 주차장으로 향했다. 다행히 출입문 가까이 주차한 덕에 몇 발짝만 떼면 됐다. 눈이 침침한 엄마가 주차 턱에 넘어질까 봐 엄마를 부축해 조심조심 걸음을 옮겼다. 엄마와 내 짐을 조수석에 싣고 뒷좌석 문을 열어 엄마에게 말했다.

"엄마, 뒤에 타."

엄마는 잠깐 의아한 표정이 됐다. 엄마의 표정을 읽은 나는 우물거리며 몇 마디 덧붙였다. "조수석에 가방을 둬서. 그리고 뒤가 더 편하지 않아?" 엄마에게 뒷자리에선 다리를 쭉 펄 수 있다고 말했다. 조수석 의자를 앞으로 바짝 당겨서 공간을 넓혀둔 터였다. 그래도 엄마는 서운한 내색을 감추지 않았다. "딸이랑 도란도란 얘기하면서 가는 게 좋지." 내가 생각해도 그 말이 맞았다. 궁색한 변명은 그만두고 조수석에 놓은 가방을 치웠다. 엄마는 만족한 얼굴로 앞자리에 앉았다. 조수석을 바짝 당겨 뒷자리를 넓혀 놓았다지만 키 150이 안 되는 엄마에게 득이 되는 조건은 아니다. 의자를 당기지 않아도 키 작은 엄마에겐 이미 넉넉하기에. 뒷자리가 상석이라 엄마에게 뒤에 앉으라 권한 것도 아니다.

솔직한 내 심정은 서울까지 가는 동안 좀 조용히 가고 싶었다. 점점 짧아지는 기억력 탓에 엄마는 조금 전 일도 자꾸 까먹고 계속 되묻는다. 아침 약을 먹고 돌아서면 까먹어서 또 먹기도 하고, 똑같은 질문을 반복해서 한다. 처음엔 엄마의 말에 대답을 다 해주다가 나중엔 지쳐서 뚱하게 대답했다. 엄마가 거실 소파에 있으면 난 아예 부엌 식탁에 앉아 의도적으로 멀리 떨어져 있기도 했다. 언젠가 남편은 이런 나를 보고 "너 정말 못됐다"라고 말했다.

그러지 말아야지 다짐하지만 반나절을 버티기 힘들다. 또 자꾸 과거 일을 말하는데 대부분이 안 좋은 이야기, 남 이야기다. 좋은 이야기만 계속해도 질릴 마당에 과거의 안 좋았던 일을 반복해서 듣다 보면 내 기분까지 점점 안 좋아진다. 병원에 가려면 두 시간이 넘게 걸리는데 엄마와 단둘이 있는 밀폐된 공간에서 그런 이야기를 들으면 내가 힘들 것 같았다. 심지어 운전까지 해야 하는데! 그래서 갖은 핑계를 대며 엄마에게 뒤에 앉으라고 한 것이다.

내 계획은 무산됐고, 예상대로 나는 두 시간 동안 엄마의 이야기를 쉬지 않고 들으며 운전해야 했다. 열두 시간 공복을 지켜야 해서 그 시간 동안 물 한 모금 안 먹은 엄마에게 어디서 그런 힘이 나오는지 모르겠다. 다만 엄마의 기분이 좋아 보여 나도 크게 말리지 않았다. 가끔 분기점이나 중요한 길목에서는 내비게이션을 듣기 위해 엄마를 제지했다. "엄마, 조용히 해 봐. 내비게이션이 안 들리잖아." 그럼 엄마는 화들짝 놀라며 미안해했다. "아유, 그러냐." 민망한 순간이면 애꿎은 안전벨트를 매만졌다.

출근 시간에 걸려 조금 지체됐지만 예약 시간에 맞춰 병원에 무사히 도착했다. "엄마, 다 왔어. 이제 내리자." 긴장이 풀려 그제야 엄마에게 조금은 따뜻하게 대할 수 있었다. 엄마는 아직도 못다 한 말이 있어 보였다. 병원으로 들어가는 길, 엄마를 부축하려 팔짱을 낀 내 손을 꼭 붙들며 말했다.

"막내딸, 고생했어."

우리는 함께 차를 타고

오프로드 차에 여섯 명이 타고 당일치기 캠핑을 떠났다. 깍두기처럼 각진 모양을 한 이 차의 주인은 같은 동네에 사는 아이 친구의 아빠다. 친정 아빠의 SUV도 아빠가 매일 그 차를 타고 감나무가 있는 산에 다니니 오프로드 차라고 볼 수 있으나 이 차는 그것과 차원이 다르다. 아빠 차 트렁크에는 삽과 장화, 양동이 등 각종 농사 용품이 항상 갖춰져 있다. 하지만 겉에 무언가를 달지는 않았다.

반면 윗집은 차에 여러 가지 오프로드용 용품을 달았다. 차 뒤쪽에는 사다리가 있고, 옆면에는 실제로 펴지는 어닝이 있다. 차 위에는 물건들을 수납할 수 있는 루프랙이 있어 짐을 싣기 수월하다. '스노클'이라는 흡기관을 위쪽으로 길게 빼주는 장치도 달려 있다. 오프로드에서 깊은 물을 건널 때 흡기구를 통해 물이 유입되는 것을 방지하여 엔진 손상을 막아주는 장치라고 한다. 바퀴도 일반 차보다 크다. 한마디로 오프로드에 진심이다. 반전이라면 차를 산 지 10년이 넘었지만 오프로드를 간 적 없다는 것이겠지만. 아무튼 이렇게 작정하고 꾸민 차를 가까이서 보긴 처음이었다.

이 차의 주인은 우리보다 조금 위쪽에 산다. 그쪽도 아이 하나를 키우고 있어서 두 가족이 모이면 여섯 명이다. 우리 차는 5인승이지만 윗집 차는 7인승이라서 윗집 차 한 대에 다 함께 타기로 했다. 목적지는 한 시간 거리의 강원도 홍천이다. 아이들에게 얼음 썰매를 태워주고, 간 김에 천막도 치고 컵라면도 먹고 오기로 했다.

준비할 것 없으니 가볍게 오라는 말만 믿고 갔더니 윗집에서 이미 모든 준비를 끝낸 뒤였다. 컵라면과 과자만 덜렁 들고 간 나와 달리 윗집 마당에는 큰 천막과 난로, 의자와 테이블을 비롯한 각종 캠핑용품이 나와 있었다. 과연 차에 다 실을 수 있을까 싶은 어마어마한 양이었다. 우리와 달리 윗집은 종종 캠핑을 간다고 했다. 짐 싣는 건 문제 없다는 말에 반신반의하며 아이들과 우리 부부가 먼저 탔다. 잠시 뒤 윗집은 경험에서 나오는 노련함으로 모든 짐을 테트리스 하듯이 차곡차곡 넣었다. 이윽고 트렁크 문이 닫히는 걸 확인한 뒤 출발했다. 바퀴가 반쯤 가라앉은 것 같다는 우스갯소리가 차 안을 가득 채웠다.

남편과 나 둘 다 세단에 익숙해서 그런지 윗집 차에서 보이는 바깥 풍경이 낯설었다. 한눈에 시야가 탁 트였다. 바퀴가 커서 일반 SUV보다 높게 느껴졌다. 운전하는 윗집 아빠와 앞자리에 앉은 남편은 자기들끼리 신나게 이야기했다. 동갑인 두 아이는 가는 내내 깔깔거리며 간식을 야무지게 챙겨 먹었다. 먹을 때는 조용해서 요구하는 대로 줬더니 가서 먹으려고 했던 과자를 비롯해 초콜릿, 각종 군것질이 순식간에 사라졌다. 다행히 간식 봉지가 바닥을 보일 때쯤 목적지에 도착했다.

우리는 처음이지만 윗집은 와본 곳이었다. 꽁꽁 언 얼음 위에서 놀고 있는 사람들이 보였다. 적당한 곳에 주차한 뒤 천막을 세웠다. 짐을 옮긴 뒤 아이들은 갖고 온 눈썰매와 대여한 얼음 썰매를 탔다. 팔 힘이 부족해 얼음 썰매가 생각보다 안 나가자 그냥 뛰어다니거나 얼음 위를 구르기 시작했다. 넓은 강의 이쪽부터 저쪽 끝까지 추운 줄도 모르고 다녔다. 어른들은 돌아가며 아이들을 보면서 난로에 불을 지피고, 컵라면 먹을 물을 끓였다. 밖은 추웠지만 천막 안은 아늑했다. 따뜻한 커피를 받아 들고 언 손을 난롯불에 녹이니 온몸이 노곤했다. 이 맛에 겨울 캠핑을 하는구나 싶었다.

우리 가족은 단독으로 캠핑 간 적이 없으니 이런 세계가 있는지 몰랐다. 그 얘기를 듣고 윗집에서 일부러 데려온 것이다. 놀러 다닌 곳이 많지 않은 우리에 비해 윗집은 각종 정보와 경험이 풍부했다. 그 경험에 기대어 우리도 얼음 위에서 즐거운 시간을 보냈다. 몇 시간 신나게 놀고 어둡기 전에 자리를 정리했다. 쓰레기를 모두 챙기고 머물던 자리를 깨끗이 치웠다. 최선을 다해 논 아이들은 집에 가는 차 안에서 조금 떠들더니 이내 머리를 흔들며 곯아떨어졌다. 기력이 다한 어른들도 대화를 드문드문 이어가다 쉬기를 반복했다. 사람도 꽉 차고 짐도 꽉 찬 차는 노을 지는 하늘을 바라보며 집으로 향했다.

이렇게 이웃끼리 모여서 놀러 가는 일은 굉장히 오랜

만이었다. 더구나 한 차에 일행이 모두 타고 이동하는 건 우리 집에 봉고차가 있던 때를 제외하고는 거의 없었다. 아빠가 봉고차를 몰던 시절에는 동네 이웃이나 부모님의 친구 가족과 산으로 들로 자주 다녔다. 당시엔 차 있는 집이 많지 않았고, 아빠의 봉고차에는 사람이 많이 탈 수 있어서 주로 우리 집 차를 타고 다녔기 때문이다.

아빠가 운전하는 동안 뒤에서는 각자 싸 온 간식을 나눠 먹었다. 삶은 계란도 있었고, 떡도 있었다. 가끔 노래자랑이 열리기도 했는데 노래 잘하는 아빠는 늘 박수를 받았고, 엄마는 자기 차례가 되면 '해당화 피고 지는'으로 시작하는 이미자의 〈섬마을 선생님〉을 자주 불렀다. 분위기가 무르익으면 트로트 메들리가 담긴 카세트테이프가 등장했다. 그날 조수석에 앉은 사람은 여러 개의 카세트테이프 중 하나를 골라 차에 꽂는 임무를 맡았다. 이윽고 어깨가 들썩이는 신나는 노래가 흘러나왔다. 어른들의 대화에 끼지 못해 심심했지만 차 안의 설레고 경쾌한 분위기는 아직도 선명하다.

한 시간을 달려 우리가 사는 마을에 도착했다. 잠든 아이를 안아서 집으로 들어오는 길, 언덕을 올라가는 윗집 차에 아빠의 봉고차가 겹쳐 보인다. 아이는 오늘을 어떻게 기억할까. 먼 훗날이 되면 우리가 오늘 간 곳이 어디인지 장소는 기억나지 않을 수 있다. 그래도 차 안의 달뜬 분위기와 눈 쌓인 바깥 풍경, 얼음 위를 뒹굴고, 친구와 나란히 앉아 재잘대던 시간은 남아 있을 것이다.

3장

고수는 아니지만

"어차피 또 긁을 텐데 그냥 타."
그의 예언은 맞아떨어졌다.

그 뒤로도 나는 주차하다가
벽에 살짝 박거나 큰 돌에 찍혀
범퍼에 크고 작은 흠집을 차곡차곡 더했다.

아이의 덕질을 위하여

아이와 신촌의 이화여자대학교에서 열린 뮤지컬을 보고 왔다. 아이가 좋아하는 생물 유튜버 세 명이 직접 출연하는 공연이었다. 곤충을 좋아하는 아이가 있다면 한 번쯤 들어봤을 이름이다. 곤충을 비롯해 동물을 좋아하는 우리 집 어린이는 그들에 대한 애정이 매우 절절하다. 그들이 낸 책을 여럿 소장하고 있고, 한글도 이 책으로 스스로 뗐다. 좋아하니까 책을 사주긴 했는데 아무리 만화책이어도 글이 길었다. 처음에만 열심히 읽어주다가 나중엔 귀찮아서 "그냥 그림만 봐도 돼" 하고 책 읽어 달라는 아이를 피해 도망 다녔다. '사사삭', '두다

다다', '오오' 정도만 간신히 읽던 아이는 매정한 어미를 둔 탓에 혼자 떠듬떠듬 한 글자씩 읽기 시작했다. 목마른 자가 우물을 판다더니 어느새 책을 술술 읽는 경지에 이르렀다.

안경을 쓸 때도 도움을 받았다. 아이는 약시와 난시가 있어 시력 교정을 위해 안경을 써야 했다. 눈 나쁜 부모를 둔 탓에 어린 나이에 안경을 쓰는 것 같아 마음이 안 좋았다. 그런 내 마음과 달리 아이는 안경 쓴 자기 모습을 보더니 생물 유튜버와 똑같다며 좋아했다. 자기도 그들처럼 되고 싶다기에 '애교 박사'는 어떠냐니까 싫단다. 본인은 싫다지만 똑같은 이름은 상도가 없으니 우리 집 한정 '애교 박사'로 잠정 합의를 봤다.

그들에게 폭 빠진 아이는 "엄마, 살면서 한 번은 볼 수 있겠지?"라며 처량히 말하기도 했다. 흡사 《마지막 잎새》의 한 장면을 보는 듯했다. 부지런하지 못한 나는 관련 정보를 늦게 알아챈 탓에 만남의 기회를 번번이 놓쳤다. 내 귀에 들어왔을 때는 행사가 이미 끝난 뒤였다. 그러다 운 좋게 뮤지컬이 열린다는 소식을 들었다. 심지어 그들이 직접 출연한다고 한다. 티켓 값이 만만치 않았지만 지난번에 형님이 아이에게 주신 용돈이 남았고,

어린이집은 하루 빠지기로 했다.

모든 게 준비된 것 같은데 나는 쉽게 예매 버튼을 누르지 못했다. 돈도 되고 시간도 되는데 내가 왜 망설였느냐? 운전 때문이었다. 정확히 말하면 서울 시내 운전이 마음에 걸렸다. 강남고속버스터미널 때에 이어 또다시 자괴감이 밀려왔다. 두 시간이 넘게 걸려도 혼자라면 지하철을 타겠지만 아이와 함께 가야 하니 고민이었다. 서울 시내는 가본 적이 없는데 어쩌지…. 남편에게 넌지시 주말에 셋이 갈까, 물었지만 반응이 시원찮았다. 혹시 셋이 가게 되면 티켓 값이 비싸니 아이와 우리 둘 중 하나만 들어가기로 했다. 누구 하나는 밖에서 대기해야 하는데, 밖에서 커피 마시며 호젓하게 대기하는 사람이 나였으면 했다. 하지만 남편도 호락호락하지 않았다. 남편은 우아하게 커피 마시는 사람을 자기로 설정했다. 부부 사이에 동상이몽이 이런 거구나 싶었다.

그럴 바엔 굳이 주말까지 기다릴 것 없이 나 혼자 아이를 데리고 가기로 했다. 평일에는 공연 끝나고 사진 촬영 시간도 있다니 이득이다. 망설이다 오후 두 시 표를 예매했다. 공연 당일은 환불도 안 되므로 무조건 가는 거다. 이제 돌이킬 수 없으니 출발만 남았다. 기름 가득 채우고, 시간 넉넉히 잡고 가면 되겠지. 운전 스트레스는 여전히 심하지만 그래도 왕초보 시절보다는 아주 조금 여유가 생겼으니까. 모든 길은 이어져 있기 마련이다. 오늘 안에는 집으로 가든 산으로 가든 어떻게 되겠지, 뭐. 심호흡을 크게 하고 차에 탔다.

가는 길에 마트에 들러 졸음 방지 사탕을 사고, 아이 간식으로 이것저것 챙겼다. 운전 중에 아이가 날 찾지 않게끔 아이 손이 닿는 곳에 간식과 물, 물티슈를 세팅했다. 출발하자마자 아이는 뒷자리에서 열심히 간식을 까먹으며 질문을 쏟아냈다. 뮤지컬을 처음 보는 터라 그게 무엇인지도 궁금하고, 텔레비전에서만 보던 사람을 실제로 볼 수 있다니 설레기도 하는 모양이었다.

"진짜 볼 수 있는 거야?"

"티브이처럼 화면으로 보는 거야?"

"얼마나 걸려?"

"한 시간 좀 넘게? 엄마 운전하는 동안은 대답 못 해도 이해해줘."

양해를 구한 뒤 아이의 질문에 적당히 대답하고, 적당히 뭉갰다. 미니 약과, 말랑카우, 초콜릿 등 각종 간식이 아이 입으로 사라졌다. 주말이면 꽉 막혔을 도로가 평일이라 그런지 한산했다. 서울양양고속도로, 올림픽대로를 타고 가다가 한강 다리 하나를 건넌 뒤 강변북로로 죽 가는 경로였다. 출퇴근 시간이나 주말에는 자주 막히는 곳들인데 평일 낮에는 소통이 원활했다. 출발 전에는 쿵쿵대던 심장이 오히려 도로를 달리다 보니 조금씩 진정됐다. 걱정했던 것보다 자연스럽게 도로에 스며드는 게 느껴졌다. 버벅대거나 급하지 않게 주변 차들과 박자를 맞춰 달렸다. '어? 나 괜찮은데?' 스스로 뿌듯한 기분을 느끼며 점점 자신이 붙었다.

내가 빠져야 할 분기점이 다가오기에 미리 차선을 변경해 서울 시내에 진입했다. 신호가 많아서 자주 멈춰야 했지만 그때마다 내비게이션을 확대해 보며 갈 길을 꼼꼼히 체크했다. 이윽고 이화여자대학교 이정표가 보였고, 나는 로드뷰로 미리 확인해 둔 후문 주차장 입구로 진입했다. 시간은 12시 20분, 한 시간여를 달려 드디어 목적지에 도착했다. 대중교통으로는 두 시간이 훌쩍 넘게 걸리는 곳인데 운전해서 온 덕에 시간은 반으로 줄고, 몸은 편했다.

공연은 두 시 시작이니 먼저 밥을 먹기로 했다. 학교 식당에서 새우튀김 우동과 왕돈가스를 점심으로 먹고 공연장 앞에 전시된 곤충을 여유 있게 구경했다. 건물 밖에서 아이와 사진을 찍으며 놀다 보니 입장 시간이 됐다. 뮤지컬은 아이들 눈높이에 맞게 신나고 재미있었다. 출연진은 객석을 돌며 관객과 하이파이브하고, 일일이 사진을 찍어줬다. 공연이 끝난 뒤 줄을 서서 기념사진도 찍었다. 중간중간 살펴본 아이 얼굴은 그저 황홀함으로 가득했다. "엄마, 벌써 끝나는 거 아니지?" 공연이 끝날까 봐 마음 졸이는 모습이 안쓰러울 정도였다.

신나는 시간을 보낸 뒤 한껏 상기된 아이와 차로 돌아왔다. 주차장에서 집으로 가는 길을 내비게이션에 찍으니 올 때와 똑같은 경로를 알려줬다. 한 번 와본 길이지만 2배속으로 모의 주행을 해본 뒤 출구로 나왔다. 하지만 후문을 통과하자마자 내비게이션은 다른 경로로 날 이끌었다. 아니, 이 배신자! 아까랑 길이 다르잖아! 출발 전에 모의 주행까지 하고 나왔는데!

올림픽대로와 강변북로를 타고 온 것과 달리 집으로 가는 길은 북악터널을 지나 내부순환로와 북부간선로를 지나는 경로였다. 핸들을 쥔 손에 땀이 나기 시작했다. 열심히 좌우 앞뒤를 살피는데 '어라? 그런데 이 길 뭔가 익숙한데?' 하는 생각이 들었다. 처음이라고 생각했는데 어렴풋이 예전에 남편과 이 길을 지난 기억이 났다. 그나마 다행이었다. 완전 초행길과 한 번이라도 가본 길은 다르니까(집에 돌아와 남편에게 물으니 한 번이 아니라 여러 번 다닌 길이라고 한다). 아이는 기념품으로 산 모자를 쓴 채 뒷자리에서 깊이 잠들었다. 그 덕에 운전에 집중할 수 있었다. 내가 보고 싶은 공연이었으면 기약 없이 미뤘을 텐데 자식이 뭐라고, 곤히 자는 모습에 웃음이 났다. 합류하는 구간에서 잠깐 버벅댔으나 한 시간여를 달려 무사히 집에 도착했다.

서울 시내에 다녀오니 굳건했던 운전의 벽이 조금은 허물어진 것 같다. 갈 수 있는 곳이 하나 더 늘어 기쁘고, 아이의 덕질을 함께할 수 있어 뿌듯하다. 어깨가 한껏 올라간 채 집으로 돌아와 남편을 붙잡고 오늘의 공로를 죽 읊었다. 하루로 끝날 이야기가 아니니 며칠은 더 해야겠다. 긴 무용담을 늘어놓느라 칼칼해진 목을 붙잡고 다시금 생각한다. 운전을 시작해서 다행이라고.

다시 초보로

남편은 2023년에 파란색 첫 차를 팔고 전기차를 샀다. 전기차로 바꾼 후 1년 넘게 나는 남편 차를 운전한 적이 없다. 각종 버튼이 사라져 휑한 차가 낯설기도 했고, 패드로 자동차의 기능을 설정하는 것도 익숙하지 않았다. 남편 말로는 운전대에 붙은 기어와 와이퍼 등 몇 가지 기능만 익히면 된다는데, 그래도 왠지 모를 거리감이 들었다. 평소에도 기계를 잘 다루지 못해 뭐든 손만 대면 고장이라 그것도 걱정이었다. "한번 운전해볼래?"라는 남편의 말에 아직 마음의 준비가 안 됐다는 핑계로 버티길 1년. 하지만 이제 더 미룰 수 없는 때가 왔다.

우리 집 주차장은 내 차와 남편 차를 앞뒤로 넣는 직렬 주차 방식이다. 새벽에 출근하는 남편이 뒤에 대고 내 차는 앞에 세운다. 평일에는 남편이 일찍 나가니 상관없다. 하지만 주말이면 혼자 잠깐 마트에 가려고 해도 남편에게 차를 빼달라고 해야 내 차를 움직일 수 있다. 아니면 남편과 아이까지 셋이 다 같이 가거나. 혼자 후딱 갔다 오면 편한데 온 가족을 끌고 가자니 번거롭고, 잠깐이나마 내 시간을 가지려던 계획이 무산되기 일쑤였다. 그런 내 불만에 남편은 말했다.

"네가 내 차 운전하면 좋을 텐데. 그럼 그거 타고 나갔다 오면 되잖아."

불편함이 점점 커지던 어느 날 결정적인 계기가 생겼다. 여느 때처럼 남편이 운전석에 앉고 나는 아이와 함께 뒷자리에 탔다. 아이가 입을 삐죽 내밀더니 말했다. "아빠가 뒤에 타면 안 돼? 엄마가 운전하고." 아빠를 워낙 좋아하는 아이라 차에서도 아빠와 함께 있고 싶은 모양이었다.

평소에도 둘의 사이는 애틋하다. 나는 아이가 먹을 음식을 하고, 어린이집에 데려다주고, 씻기고, 더러워진 옷을 세탁하는 일은 자신 있지만 아이와 노는 데에는 영

재능이 없다. 반면 남편은 아이 눈높이에서 아이와 잘 논다(본인이 더 신나게 노는 것 같다). 아빠와 몸을 부딪치며 놀아서인지 아이는 아빠를 엄청나게 따른다. 물고 빨고, 죽고 못 사는 사이가 저런 건가 싶다. 아빠랑 옆에 나란히 앉아서 알콩달콩 애틋하게 가고 싶은 아이에게는 내가 방해물일 터였다. "엄마는 이 차 운전 못 해." 내가 말해 놓고도 자존심이 상했다.

그런데 말하고 보니 못할 건 또 뭔가 싶었다. 마음의 준비를 1년이나 했으니 이제 때가 됐다. 자전거를 타려고 근처 체육공원에 가기로 한 날을 기점으로 정했다. 남편이 차 문 여는 것과 시동 켜는 법, 기어 변경하는 방법을 알려줬다. 남편 차는 카드로 문을 열거나 핸드폰으로 연다. 카드를 창문 쪽에 대면 잠금이 풀린다. 손잡이를 잡아 문을 열고 나는 운전석에, 남편은 조수석에 탔다. 시동을 따로 켤 필요 없이 문을 여는 순간 차가 켜진다(시동 버튼이 없어서 당황했다). 기어 넣는 것은 내 차와 크게 다르지 않다. 위로 올리면 후진, 아래로 내리면 전진이고, 주차는 기어봉 옆의 버튼을 누르면 된다. 다만 한 가지 주의할 점은 액셀에서 발을 떼면 차가 바로 멈춘다는 것이다.

여기까지 설명을 듣고 차를 후진시켜 집 주차장을 빠져나왔다. 차는 무사히 뺐는데 액셀에서 잠깐 발을 뗐더니 차가 덜컹 섰다.

"어어, 왜 이래, 이거."

미리 설명을 들었는데도 당황스러웠다. 내 차는 액셀에서 발을 떼도 이렇게 바로 서지 않는데 무슨 브레이크 밟은 것처럼 우뚝 서다니. 삐걱대는 내 모습이 다시 초보로 돌아간 것 같았다.

"액셀을 조절하면서 잘 밟아야 해. 그것만 적응하면 다른 건 똑같아."

남편은 혹여나 내가 지레 겁먹고 포기할까 봐 걱정됐는지 열심히 격려해주었다. 가장 고난도 길 중 하나인 동네 초입의 좁은 길에서 마주 오는 차를 만날까 봐 걱정했는데 다행히 없었다. 액셀을 조심히 밟으며 무사히 큰 도로로 합류해 집에서 5분 거리의 체육공원에 도착했다. 핸들이 내 차보다 작고, 무거워서 돌리는 데 힘이 들었지만 SUV라 차체가 높아서 시야가 넓은 건 좋았다. '내가 드디어 전기차도 정복했구나' 흐뭇한 마음으로 주차까지 했다.

체육공원에서 자전거를 타고 걷기 운동도 하고 나

니 슬슬 집에 갈 시간이 됐다. 가는 길도 내가 운전하기로 했다. 씩씩하게 운전석에 앉아 기어를 넣었다. 액셀을 조절하는 게 미숙해 차가 몇 번 움찔거렸지만 큰 위기 없이 우리 동네로 향했다. 동네 입구에 있는 다리는 폭이 좁아서 차 두 대가 동시에 지날 수 없는 곳이다. 코너에 달린 거울을 보고 맞은편에서 차가 안 올 때만 진입한다. 반대편에서 들어오는 차가 있으면 기다렸다 가면 된다. 얼마 전 서로를 못 봤는지 내려가는 차와 올라가는 차가 조금의 틈도 없이 꽉 껴버린 사고가 나기도 했다.

다리를 올라가려는데 내가 너무 액셀에만 집중했는지 내려오는 차를 못 봤다. 조수석에 앉은 남편의 "차 온다!" 소리에 깜짝 놀라 온 힘을 다해 브레이크를 꽉 밟았다. 안전벨트가 팽팽히 당겨지며 차는 급정거했다. 조수석에 놓았던 가방은 공처럼 날아가며 바닥으로 굴러떨어졌고, 우리 셋은 몸이 반쯤 꺾였다가 제자리로 돌아왔다. 액셀에서 발만 떼도 차가 섰을 텐데 내 차에 익숙해져 브레이크까지 너무 세게 밟은 탓이었다. 맞은편 차가 내려간 뒤에도 놀란 마음은 진정되지 않았다. 왕초보 때도 이 정도로 급정거한 적은 없었는데 이제 운전이 익숙해졌다고 말하고 다니는 때에 이런 일이 생겨 더 당황스러웠다. 잠깐의 정적 이후 아이는 벨트가 너무 세게 당겨져서 아프다고 했고, 남편은 한숨 쉬며 말했다.

"너 아직 멀었다."

그날 남편과 오랜만에 싸웠다. 너도 적응하느라 시간이 걸리지 않았느냐, 난 오늘 해봤자 20분도 안 되는 거리를 처음 운전한 건데 당연히 실수할 수 있는 거 아니냐고 따졌다. '흥, 다시는 옆에 태우나 봐라.' 시간이 지나 망각했던, 운전을 처음 배울 때 했던 다짐도 새로이 했다.

그 뒤로 오기가 발동해서 혼자 유튜브를 찾아서 공부했다. 이후로 저녁에 나갈 일이 있으면 앞에 있는 내 차 대신 뒤에 주차된 남편 차를 가져갔다. 면사무소와 15분 거리의 옆 동네도 들렀다. 주말에는 남편 차를 타고 혼자 마트에 갔다 오기도 했다. 차 빼달라는 소리 안 해도 되니 속이 시원했다. '별거 아니고만, 이게 뭐라고 1년을 망설였을까' 하는 생각이 들었다. 여전히 액셀 조절이 어렵지만 연습하면 차차 나아지리라 생각한다. 뭐든 시작이 반이다.

6개월 만에 온 연락

 운전하다 보면 차량뿐만 아니라 건물이나 구조물을 박는 경우가 있다. 나도 남의 집 대문이나 화분을 깨는 경우를 종종 봤다. 가로수나 전봇대 같은 도로 시설물은 교통사고로 파손했을 때 변상 금액이 정해져 있다고 한다. 생각보다 꽤 비쌌는데 전봇대의 경우 최고 이천만 원이 넘을 수도 있다고 한다. 사고가 난다면 그 와중에 무슨 정신이 있겠냐마는 그래도 어떻게든 핸들을 끝까지 붙들고 있어야겠다는 생각이 든다.
 아이를 낳기 전 살았던 서울 빌라에서 누군가 우리 집 베란다를 치고 간 적이 있다. 당시 우리는 빌라 1층에 살고 있었다. 어느 날 거실 창문을 보는데 베란다 난간이 휘어져 있었다. '뭐지? 어제까진 안 그랬던 것 같은데?' 나가서 살펴보니 난간을 누군가 차로 박은 모양이었다. 높이로 봐서 트럭일 확률이 높았고, 후진하다 그런 것 같았다.

남의 집 베란다를 치고 갔으면 주인에게 말하거나, 현관에 쪽지라도 남겨야 하는데 어떤 연락도 없었다. 주의 깊게 보면 거슬리고, 대충 보면 그냥 넘길 수도 있는 정도라서 고민이었다. 하지만 아무 연락 없이 갔다는 데에 화가 나서 경찰에 신고하기로 했다. 집 근처의 파출소로 가면 되는 줄 알았는데 경찰서로 가야 한다고 했다. 그 길로 택시를 타고 경찰서에 갔다. 서류를 작성하고 집으로 돌아오자 얼마 뒤 담당 경찰관이 사건 현장인 집으로 오셨다. 사진을 찍고 건물 CCTV를 빌라 반장님과 함께 돌려봤다. 예상대로 트럭이 후진하다가 베란다를 박고, 잠시 멈추더니 그대로 출발하는 장면이 찍혀 있었다. 다만 번호판이 선명하지 않아 주변의 CCTV를 더 살펴보기로 했다.

며칠 뒤, 담당 경찰로부터 가해 차량을 찾았다는 연락이 왔다. 이어서 모르는 번호로 전화가 왔다. 굉장히 억

울한 목소리로 자신은 정말로 부딪친 줄 몰랐으며 보험으로 처리하면 회사에서 싫어하니 현금으로 해결하자는 제안을 했다. '솔직히 이 정도로 치고 몰랐다는 게 말이 돼요? 심지어 창문 내려서 뒤를 봤잖아요?'라고 따지고 싶었지만 당시 임신 중이라 빨리 해결하고 싶은 마음이 더 컸다. 싸우느라 내 기력을 소진하기도 싫고. 결국 내가 업체 여러 군데를 알아봐서 가격을 비교하고 저렴한 곳을 택해 수리했다. 수리비는 영수증을 보내서 트럭 주인이 직접 업체에 입금했다.

얼마 뒤에는 다른 차가 빌라 외벽을 치고 가는 일이 발생했다. 옆집에 가전을 배달하러 온 차였다. 옆집 아저씨가 운전자 연락처를 내게 주셨다. 움푹 팬 위치가 우리 집 쪽이었기 때문이었다. 쓰여 있는 번호로 전화했으나 받지 않았고, 문자에도 답이 없었다. 말싸움에 약한 나는 순발력이 떨어져서 다음 할 말이 빨리 생각 안 나고, 자주 말문이 막힌다. 그래서 누군가와 말로 싸운 기억이 거의 없다. 전화로는 할 말을 다 못할 것 같았는데 상대방이 안 받는 게 차라리 다행이었다. 부재중 전화 한 통은 남겼으니 됐다 싶어 그 뒤로는 문자만 보냈다.

하루, 이틀, 삼 일이 지나도 답문은 오지 않았다. 머리가 지끈거렸다. 미안해해야 할 사람은 내가 아닌데 시간이 지날수록 독촉 문자를 보내는 게 점점 불편해졌다. 일하러 왔다가 나갈 돈이 더 많이 생긴 상대방도 착잡할 것 같아서 요일과 날짜를 따져가며 연락했다. 월요일에 전화하면 일주일을 시작하는 날인데 기분이 나쁘겠지 싶어서 월요일은 피했다. 주말에 전화하면 가족과 함께하는 주말을 망치겠지 싶어서 그날도 피했다. 아침엔 바쁘겠지, 지금은 퇴근 시간이라 안 되겠지. 이것저것 이유를 대며 연락하는 것을 미뤘다. 그래도 잊지 않고 나중을 위해 한 달에 하나씩 문자는 보내 놨다. 연락을 꾸준히 해야 분쟁 시에 유리한 위치를 점한다는 글을 어디선가 봤기 때문이다.

그렇게 시간이 흘러 몇 달이 지났다. 여전히 답문은 오지 않았다. 외벽 공사하시는 분께 알아본 수리비는 30만 원가량이었다. 내 돈으로 고치는 쪽으로 슬슬 마음이 기울었다. 그날도 기대하지 않고 월례 행사처럼 문자를 보냈다. 그런데 얼마 뒤 핸드폰이 '띠링' 울렸다. 미안하다며 돈을 보낼 테니 계좌번호를 알려달라는 것이었다. 여섯 달 만에 온 답문에 내가 더 놀랐다. 상대방은 보험료가 오르면 곤란하다며 현금을 보내겠다고 했다. 곧이어 30만 원이 입금됐고, 나는 그 돈으로 움푹 팬 외벽을 수리했다. 꽤 마음고생했던 두 사건 이후로는 다행히 평온했다. 베란다 난간을 수리할 일도, 누군가에게 6개월이나 독촉 문자를 보낼 일도 생기지 않았다.

운전하다 보면 누구나 실수할 수 있다. 조심해도 놓치는 순간이 있기 마련이다. 여기서 중요한 건 실수 이후의 행동이다. 본인이 잘못해 놓고 적반하장으로 나오거나 책임을 피하려 든다면 그때부터는 지난한 싸움이 시작된다. 앞선 두 운전자도 나에게 연락해 사정을 설명했다면 난간 휘어진 것쯤이야 내가 대충 펴고 살았을 것이다. 빌라 외벽이 패인 것도 비슷한 색깔로 메꾸고 살아도 된다. 나에겐 크게 거슬리는 부분이 아니었으니까.

그렇게 하지 않은 이유는 사건 이후의 행동 때문이었다. 당황했을 마음은 이해하나 그걸로 모든 행동을 정당화할 순 없다. 실수했을 때 바로 상대방에게 알리면 좋았을 텐데, 왜 도망가거나 연락을 피했을까? 숨거나 버티면 된다고 생각했을까? CCTV에 베란다를 치고 가는 장면이 찍히지 않았다면, 옆집 아저씨가 차가 외벽을 치는 모습을 보지 못했다면 그분들은 어떤 말을 했을까.

고단한 과정을 지나며 마음속 깊이 다짐했다. 거짓말하거나 모른 척한다고 해결되는 문제는 없다. 잘못을 솔직하게 인정하고 내 책임을 피하지 말자. 운전뿐 아니라 모든 일이 그렇다.

차계부를 쓰다

 차에 이상이 생기면 낙담하게 된다. 주행 중 전에 없던 달그락거리는 소리가 들리고, 계기판에 경고등이 뜨고, 잘 되던 에어컨이 예고 없이 안 나올 때, 내 심장은 바닥으로 가라앉는다. 왜 그런가 되짚어보니 무엇보다 차는 생명과 직결된 문제라는 생각 때문이었다. 그래서 차가 평소와 다르면 불안해진다. 차가 도로 한복판에서 갑자기 멈추는 일은 드물겠지만 내 안전과 다른 사람의 안전을 해칠 수 있다는 생각에 근심스럽다.

 비용도 문제다. 수리비가 얼마 나올지 알 수 없고, 차에 대해 잘 모르니 바가지를 쓸지도 모른다는 생각에 절로 긴장하게 된다. 정비소에 가서 설명을 들을 때마다 마치 아는 내용이라는 듯이 열심히 고개를 끄덕이지만 설명을 해주는 상대방은 알 것이다. 용어 하나하나에 흔들리는 내 눈빛은 그 설명을 이해하는 사람의 것이 아니기에.

간혹 어이없는 실수가 생각지 못한 지출로 이어지기도 한다. 차를 사고 얼마 안 지나 운전석 뒤쪽 타이어에 공기 주입구를 닫아 놓는 밸브 캡이 없는 걸 발견했다. 당장 밸브 캡이 없다고 문제가 생기는 것은 아니지만 장시간 두면 모래나 먼지가 밸브 안쪽으로 들어갈 수 있다고 한다. 새로 사기로 결정하고 사는 김에 똑같은 모양으로 네 개를 구매해 바퀴에 달았다. 잘 열리고 닫히던 밸브 캡이 말썽을 부린 건 그로부터 3년 뒤였다.

공기압 점검 차 들른 정비소에서 조수석 쪽 밸브 캡이 고착되어 열리지 않는다는 소리를 들었다. 무리하게 빼면 공기압 센서가 부러질 수 있어서 이쪽 바퀴는 밸브 캡을 열 수 없으니 공기압도 당연히 맞출 수 없다고 말이다.

"알루미늄은 녹슬고 이러면 안 빠져요. 왜 이런 걸 썼어요?"

내가 쓴 밸브 캡은 알루미늄 재질이었다. 모양이 예쁘고, 인터넷에서 많이 팔리는 제품이기에 의심 없이 샀다. 몇 달 전만 해도 잘 열리고 닫혔는데 갑자기 왜 이럴까 싶었다. 3년 동안 문제없이 써서 밸브 캡이 고착되어 안 열린다는 건 상상도 못 했다. 미리 알았으면 당연히 플라스틱 제품을 썼을 텐데 하고 후회했지만 이미 늦은 일이었다. 다른 정비소도 가봤지만 대답은 똑같았다. 해볼 수는 있으나 힘으로 빼다 보면 연결된 공기압 센서가 망가질 가능성이 크다. 따라서 미리 부품을 주문하고 수리해야 한다는 것이었다.

"알루미늄은 고착된다는 걸 몰랐어요."

주눅 든 내 대답에 사장님은 말했다.

"다들 몰라요."

타박하지 않는 것만으로도 고마웠다. 하지만 예상치 못한 돈이 들어가게 생겼다. 순전히 내 무지에서 온 실수로 말이다.

차에는 이렇게 불시에 들어가는 돈과 고정적으로 들어가는 비용이 있다. 제때 기름만 넣어주면 되는 줄 알았는데 막상 차를 사니 신경 쓸 점이 많았다. 시기에 맞춰 엔진오일 갈아야지, 에어컨 필터 교체해야지, 타이어

마모 체크해야지, 누유가 생기지는 않았는지 확인해야지, 챙겨야 할 게 한두 개가 아니다. 종류도 많다. 오일만 해도 엔진오일만 있는 줄 알았지 브레이크 오일이나 미션오일은 처음 들었다. 살필 항목이 많은 만큼 이건 언제 갈아야 한다, 교체가 필수는 아니다 등등 사람들의 의견도 분분하다. 제조사의 권장 주기 또한 다르다. 가는 게 좋다는 건 모두 교체하면 좋겠으나 경제적인 사정을 고려해 적절한 시기와 우선순위를 정해야 한다.

나는 이러한 수리비와 고정비를 기록하기 위해 차계부를 쓴다. 수첩에 쓰다가 항목이 많고 찾기 어려워 지금은 휴대폰 앱을 활용한다. 언제 엔진오일을 갈았는지 기록하고, 어느 주유소에서 기름 얼마치를 넣었는지 적는다. 그럼 앱은 내가 적은 정보를 토대로 연비를 계산하고, 타이어, 에어컨 필터같은 소모품의 교체 기한이 얼마나 남았는지를 알려준다.

2015년식인 내 차는 제조사 보증 기한을 훌쩍 넘겼기에 수리할 때 공식 서비스센터를 고집하지 않는다. 센터는 보통 사설 정비업체보다 비싸기 때문이다. 그래서 보증 기한 내의 차량이나 수리비 걱정을 안 해도 될 때 (가령 내 차가 사고 피해 차일 때) 주로 간다. 물론 공식

센터에서는 뭐든 정품을 사용하고, 관리 기록이 남기 때문에 센터만 가는 사람도 있다. 나는 할인 행사할 때만 센터에 간다. 1년에 몇 번, 무료 점검을 해주고 소모품을 20~30퍼센트 할인해주는 행사가 열린다. 집에서 제일 가까운 센터를 카카오톡에 친구로 추가하면 행사 알림이 온다. 할인해도 사설 업체보다 비쌀 때도 있지만 무료 점검을 해주니 이럴 때 한 번씩 방문한다.

이외에는 직접 부품이나 재료를 사 들고 공임나라에 가거나 다른 사설 업체를 찾는다. 단골 가게를 만들어두면 좋다는데 아직 그러진 못했다. 타이어는 갈아야지, 갈아야지 하다가 자주 가는 쇼핑몰 지하에서 할인하기에 거기서 갈았다. 엔진오일과 브레이크 패드는 공임나라에서, 사이드미러를 광각으로 바꾸는 것은 부품을 사서 남편이 직접 했다. 여러 가지 선택지 중에서 상황에 맞게 고르는 중이다.

다행히 차는 큰 문제없이 굴러가고 있다. 흔히 차가 10년이 넘어가면 크게 한 번 손 봐야 한다고 말한다. 이 말인즉슨 언젠가 목돈이 들어간다는 소리다. 차가 있어서 편리한 건 이루 말할 수 없다. 다시는 차가 없던 때로 돌아가고 싶지 않을 정도다. 하지만 편리함에는 대가가 따른다. 안전에 관련된 거니 미루거나 안 할 수는 없는. 가장 효율적인 방법이 뭔지 오늘도 차계부를 들여다보며 고민한다.

둘은 내 것인데, 하나는 누구의 것인가?

　현재 내 차에는 앞뒤 범퍼의 양쪽 모서리 네 군데 중 세 곳에 흠집이 있다. 그중 두 개는 내가 만든 것이다. 하남 신도시의 아파트에 살다가 양평으로 이사 온 초반, 길도 바뀌고 차도 바뀌어서 한동안 많이 고생했다. 죽 죽 뻗은 신도시의 잘 구획된 길만 달리다가 좁은 시골길을 다니자니 조심할 게 한둘이 아니었다. 차도 경차에서 중형차로 바꾼 터라 새로 적응하는 데 시간이 오래 걸렸다. 그전이면 쌩쌩 지나갔을 길도 양옆의 폭을 확인하며 아주 천천히 지나갔다.

　처음 생긴 흠집은 앞 범퍼 오른쪽에 자리하고 있다.

어느 날 집으로 가는 다리를 건너려는데 마주 오는 차가 보였다. 최대한 옆으로 붙어서 피해준다는 게 그만 다리 난간에 너무 붙은 모양이었다. 그 차를 보내고 출발하는데 '드드득' 소리가 났다. 어라, 뭔가 이상한데. 집에 도착해 차를 세우고 난간과 가까웠던 오른쪽 옆면을 살펴봤다. 아무 흔적이 없었다. 바닥에 뭐가 있었나? 살짝 뭐에 스쳤나 보다, 하고 안심하고 넘어갔다.

그런데 다음날 차 앞을 보니 범퍼 오른쪽에 길게 그어진 흔적이 있었다. 어제 다리에서 긁힌 상처였다. 옆쪽에서 소리가 나서 차의 옆면만 살펴본 게 실수였다. 내 주제에 누가 누굴 비켜준다고 그랬을까, 후회했지만 이미 흠집은 선명하게 자리 잡은 뒤였다. 처음 생긴 흠집이라 눈에 거슬렸지만 범퍼라 그냥 두기로 했다. 그리고 얼마 뒤, 이 결정은 매우 현명했음이 밝혀졌다. 왼쪽에 더 큰 흠집이 생겼기 때문이다.

두 번째 흠집은 주차된 차를 누군가 긁고 도망갔다. 긁힌 것도 2주 뒤에야 알았다. 우리 집 주차장은 좁고 긴 형태라서 보통 내 차를 먼저 넣고, 뒤에 남편이 댄다. 주차장 쪽 대문으로 내 차를 바짝 붙이기 때문에 차에서 내리면 앞부분은 볼 일이 없다. 공간이 없어 잘 안 보이기도 하다. 그래서 내 차에 새롭게 더해진 흠집의 존재를 전혀 모르고 있었다.

들를 곳이 있어 넓은 공터에 차를 세우고 볼일을 본 뒤 멀리서 걸어오는데 내 차에 처음 보는 흔적이 있었다. 뭐지 싶어 걸음을 빨리했다. 가로세로 내 손바닥 폭 정도의 두툼한 흠집이었다. 내가 어디서 이랬지, 아무리 생각해도 떠오르지 않았다. 이 정도의 흠집을 내가 나 모르게 낼 수 있는 건가? 이만큼 긁었는데 내가 모를 수 있나? 아무래도 이건 다른 차가 긁은 것 같았다. 블랙박스를 확인했지만 그날 주차 중에 찍힌 유의미한 움직임은 없었다.

어떻게 하지 고민하다 집 주차장 CCTV를 돌려봤다. 하루하루 앞으로 넘기며 내 차가 들고 나는 모습을 살폈다. 한참을 보다 마침내 사건이 일어난 날을 찾을 수 있었다. 2주 전, 주차장을 빠져나갈 때는 없던 흠집이 몇 시간 뒤 집으로 돌아올 때는 선명했다. 그날 내가 간 곳은 두 군데였다. 하남에 있는 아이 치과와 쇼핑몰이다. 두 군데 모두 주차 자리가 어디인지 기억하기 위해 사진을 찍어 놨었다. 쇼핑몰에서 내 왼쪽은 기둥이었으므로 여긴 아니다. 그렇다면 아이 치과에서 생긴 게 분명했다. 세 자리 중 나는 가운데에 세워 놨고, 사진을 찍을 당시 내 왼쪽은 비어 있었다. 나 없는 사이 왼쪽에 주차하려던 차가 내 차를 긁고 그대로 도망간 것 같았다.

속이 부글부글 끓었다. 남의 차를 긁고 사과의 말이나 연락도 없이 그냥 가다니. 이 정도 긁었으면 모를 리가 없는데 의도적이라는 생각이 들었다. 장소와 날짜를 특정했으니 당장 달려가 범인을 잡을 생각이었다. '기다려라. 본때를 보여주마!' 그런데 긁힌 지 2주가 지났고, 막상 하남까지 나가려니 귀찮아서 점점 미루게 됐다. 그렇게 며칠이 흘렀다. 건물 관리자에게 요청해 CCTV를 확인하고, 경찰에 연락하는 등 범인 찾는 과정이 생각만 해도 번거로워 나의 복수는 결국 흐지부지됐다(그런데 지금 생각하니 잡을 걸 후회된다. 남의 차를 그렇게 긁고 도망간 걸 생각하면 여전히 괘씸하다. 이번에 안 걸렸으니 그 사람은 다음에 또 남의 차를 긁으면 그때도 도망갈지도 모른다. 지난번에 안 걸렸으니 뭐, 하고 생각할 여지를 줬다는 점이 가장 화난다).

이렇게 앞 범퍼 양쪽에 사이좋게 하나씩, 총 두 개의 흠집이 생겼다. 다행인 건 뒤는 멀쩡했다. 우리 집 주차장에서 내가 주로 보는 건 차의 뒷모습이니 앞에 생긴 흠집은 크게 신경 쓰지 않았다. 하지만 이 역시 오래 가지 못했으니…. 얼마 뒤 보란 듯이 뒤 범퍼에도 흠집이 생겼다. 그것도 아주 크고 강력하게. 사건은 평일 오전, 어린이집 앞에서 발생했다. 아이를 데려다주고 후진으로 차를 돌리는데 같은 반 아이 엄마의 차가 들어오는 게 보였다. 반가운 마음에 후방 카메라를 보다 말고, 어서 내 차를 빼서 자리를 만들어줘야겠다고 생각했다. 후방 카메라를 대충 보며 뒤로 가다 전봇대에 박아 차가 덜컹했다. 이번엔 '드드득'이 아니라 '빠각' 소리가 났다. 뭔가 큰일이 난 게 확실했다.

당장 확인하기에는 장소가 좁아서 일단 어린이집 앞을 빠져나와 근처에 차를 세웠다. 내려서 뒤를 살펴보니 "하아" 장탄식이 절로 나왔다. 범퍼가 떨어지거나 구겨진 건 아니지만 심하게 긁혀 도장이 벗겨졌다. '나는 운전하면 안 되나 봐' 한껏 풀이 죽어 5분 거리인 집까지 간신히 왔다. 차를 주차장에 세우고 꼼꼼히 다시 보니 이건 뭐, 도장이 벗겨지다 못해 너덜너덜한 지경이었다. 같은 날 오후 어린이집에 아이를 데리러 가서 아까 내가 박은 전봇대를 봤다. 내가 남긴 흔적이 길게 남아 있었다. 심란했다.

얼마간 그대로 타다 차 앞뒤에 빼곡히 생긴 흠집이 거슬려서 못 참겠다 싶었다. 볼 때마다 내 실수가 생각났다. 수리 업체에 견적을 받으니 예상대로 비쌌다. 고민이 되어 남편에게 물었다. "범퍼 흠집 난 거 이참에 다 고칠까?" 내 물음에 남편은 말했다.

"어차피 또 긁을 텐데 그냥 타."

그의 예언은 맞아떨어졌다. 그 뒤로도 나는 주차하다가 벽에 살짝 박거나 큰 돌에 찍혀 범퍼에 크고 작은 흠집을 차곡차곡 더했다. 처음엔 마음이 쓰렸지만 계속 보다 보니 무뎌졌는지 원래 있던 무늬 같기도 하고 조금씩 익숙해졌다. 이미 생긴 건 어쩔 수 없으니 여기서 더 추가하지는 말아야겠다는 소박한 다짐을 해본다.

후진은 창문 내리고

 남편의 주특기는 방어운전이다. 제한속도를 지키고 도로에서 과격하게 움직이지 않는다. 앞차와 안전거리를 유지하며 위험한 상황은 만들지 않는다. 깜빡이만 미리 켜고, 무리하게 시도하지 않는다면 끼어들려는 차량에게 양보도 잘한다. 그 덕분인지 몇 년 전 신호대기 중에 뒤차가 전방주시를 소홀히 해서 추돌을 당한 적은 있어도 주행 중에 자신이 접촉 사고를 일으킨 적은 없다. 재작년까지는 말이다.

 면허를 따고 20년 가까이 무사고를 자랑하던 남편은 2년 연속 매년 한 건의 실수를 했다. 작년에는 골목에서 후진하는데 후방 카메라가 갑자기 먹통이 됐다고 한다. 어쩔 수 없이 사이드미러만 보고 가다 비스듬히 주차되어 있던 오토바이를 못 보고 쳐서 넘어뜨렸다. 오토바이 운전자에게 연락해 상황을 설명하고, 보험사에 연락했다. 남편의 운전 인생 처음으로 상대방에게 해준 보험 수리였다.

두 번째는 전기차를 뽑은 지 얼마 안 된 때에 일어났다. 매번 후진하던 길이지만 그날은 여러 악재가 겹쳤다. 사무실 주차장에서 차를 빼는데 시간이 촉박해서 급하게, 평소보다 좀 더 뒤로 차를 후진했다고 한다. 전에 타던 차는 후진할 때 센서가 작동해 장애물이 있으면 경고음이 우렁차게 울렸다. 반면 새로 산 전기차는 초음파 센서가 없다(대체 왜 그 기능이 빠졌는지 의문이다). 그 결과 전봇대에 오른쪽 후미등 부분을 박았다. 남편이 전봇대에 박은 부분을 사진으로 찍어 보내줬다. 깨진 후미등과 삐뚜름하게 어긋난 차체를 보니 내 마음도 찌그러졌다. 수리 기간 일주일에 견적도 꽤 많이 나왔다. 전봇대는 몇 년째 그 자리에 있었는데 왜 그날따라 못 봤을까 남편은 자책했다.

운전 경력도 길고, 누가 봐도 나보다 운전을 훨씬 잘

하는 사람이지만 남편에게 당부하는 부분이 하나 있었다. 후진할 때 창문을 내리고 하라는 것이다. 전에도 한 번 말한 것 같은데 남편은 대수롭지 않게 생각한 모양이다.

"차 뒤로 뺄 때 창문 내리고 했어?"

"… 아니."

힘없이 대답하는 남편에게 앞으로는 꼭 운전석과 조수석 창문을 내리고 후진하라고 했다. 남편도 그게 가장 좋은 방법인 줄 알지만 번거롭기도 하고, 여태 그렇게 안 해도 별일 없었기에 잠시 무뎌진 것 같다며 반성했다.

보행자로만 살 때는 몰랐다. 가끔 사람이 지나가는 것도 모르고 후진하는 차나 구조물을 박은 차를 보면 이해가 안 됐다. '아니, 차에 있는데 밖이 왜 안 보여? 창문도 있고 거울도 있는데 뒤를 잘 보면서 후진해야지'라며 비난의 목소리를 냈다. 하지만 막상 운전자가 되니 현실은 생각과 달랐다. 후진할 때는 사이드미러, 후방 카메라를 소홀히 할 수 없는 것은 물론이거니와 앞과 옆도 잘 살펴야 한다. 꼼꼼히 봤어도 잠깐 사이 갑자기 사람이 나타나거나 오토바이나 자동차가 의외의 장소에서 나오기도 한다.

  그래서 눈으로만 확인하는 것보다 창문을 내려 소리까지 듣는 것이 좋다고 생각한다. 창문으로 고개를 쑥 내밀어서 밖을 보라는 뜻은 아니다. 그건 오히려 더 위험할 수 있다. 다만 사람 소리나 차 소리를 들으면 귀와 눈이 같이 반응하게 되니 위험 요소를 줄일 수 있다. 창문을 내리는 게 번거로울 수 있지만 후회할 일을 만드느니 잠깐의 수고를 하는 게 백번 천번 낫다는 생각이다.

  남편은 "이제 너한테 내가 뭐라고 못하겠다"라며 고개를 숙였다. 연이은 실수에 풀이 죽은 남편에게 위로의 말을 건넸다. 그래도 사람 안 다친 게 어디냐고, 돈으로 해결할 수 있는 일이면 다행인 거라고. 아울러 내년 보험료가 인상될 테니 열심히 일하라고 독려했다.

울면서 하는 운전

친정에 갔다가 집으로 올라오는 길이었다. 조수석에 수건 하나를 두고, 나는 연신 흐르는 눈물을 그 수건으로 닦으며 운전하고 있었다. 휴지로 감당할 수 있는 눈물이 아님을 알기에 부모님 집에 있는 수건 하나를 챙겨서 차에 탔다. 그리고 집으로 오는 세 시간 반 동안 수건이 축축해질 만큼 울고 또 울었다.

이틀 전 엄마가 열이 난다는 연락을 받고 친정에 내려왔다. 아빠가 셋째 언니에게 연락했고, 셋째 언니가 우리 네 자매의 단톡방에 알렸다. 누가 갈 것인가. 연로하신 부모님을 돌보는 일은 가까이 사는 셋째 언니가 많이 하고 있다. 그렇다고 나머지가 손 놓고 있는가 하면 그건 아니다. 큰언니와 둘째 언니 역시 각자의 자리에서 최선을 다하고 있다. 멀리 살고(큰언니와 둘째 언니는 거리상 나보다 멀리 산다), 아이가 어리다는 이유로(셋째 언니 아이, 즉 내 조카는 우리 아이보다 한 살 어린데도) 나만 언제나 돌봄의 끄트머리를 조금 장식하고 있을 뿐이었다.

남편이 아이를 보기로 하고 이번엔 내가 내려갔다. 엄마가 지난번 열이 났을 때 병원에 일주일간 입원했다. 이번에도 심상치 않아 보였다. 집에서라면 어느 정도 엄마를 돌아보는 게 가능하겠지만 여든이 다 된 아빠에게 병원에서 하는 간병은 무리였다. 다행히 엄마는 해열제를 먹으니 열이 조금씩 내렸다. 밤에 급히 응급실에 가거나 입원해야 하는 상황을 피한 것만 해도 다행이었다.

부모님이 나이가 들면서 친정집에 두 분만 지내는 게 많이 불안하다. 아빠와 엄마의 나이는 칠십 중반을 넘어 팔십을 향해 가고 있다. 엄마보다는 건강한 편인 아빠가 엄마를 많이 챙기고 있지만 아빠도 해가 갈수록 다름을 느낀다. 딸들도 느끼고 아빠 본인도 안다. 걱정 많은 아빠는 엄마가 열이라도 나면 밤새 잠을 이루지 못한다.

한 시간, 두 시간 간격으로 엄마의 열을 재고 화장실에 가고 싶지는 않은지 새벽 내 확인한다. 다음 날 아침 마주한 아빠의 얼굴은 깊은 시름과 피로에 반쪽이 되어 있기 일쑤였다.

친정에 온 지 삼 일째 되는 날, 대강의 상황을 정리하고 집으로 올라가려는데 도무지 발이 떨어지지 않았다. 15년 전인가, 엄마가 큰 수술을 마치고 중환자실에 입원했을 때도 이렇게 막막하지는 않았다. 병원 의료진이 치료를 잘 해줄 거라 믿었고, 해결책이 있었다. 실제로 엄마는 수술 후 건강을 회복했다.

그런데 이번엔 다르다. 그때처럼 크게 수술하거나 아픈 곳이 있는 게 아니다. 부모님이 나이 들면서 생기는 문제들이다. 지금 사시는 아파트에서 두 분이 언제까지 살 수 있을지도 장담할 수 없다. 익숙하고 편한 집에서 생활을 영위하는 게 가장 좋다는 건 가족 모두가 동의하는 바다. 하지만 시간이 흘러 전문적인 돌봄이 필요하면 요양 시설에 들어가야 할 수도 있다. 그날을 생각하면 난 언제고 눈물이 난다.

집에 있는 2박 3일 동안 엄마의 시선을 늘 나를 향해 있었다. "엄마, 텔레비전 볼래? 틀어줄까?" 해도 됐다며 엄마는 그저 나를 바라봤다. 마흔 넘은 막내딸인데 그저 애를 보듯이, 예뻐 죽겠다는 표정으로. 그 모습이 계속 생각나 차가 막혀 천천히 갈 때도, 속도가 100을 넘길 때도 가리지 않고 눈물이 계속 흘렀다.

하필 세찬 비가 왔다. 밖에서는 내리는 비 때문에 시야가 흐리고, 안에서는 내 눈물 때문에 앞이 희미하게 보였다. 막히는 구간이 나오면 차라리 반가웠다. 안경을 들고 펑펑 울 수 있어서. 뻥 뚫려서 빠르게 달리는 구간이 나오면 정신을 바짝 차리고 눈물을 참으려 애썼다. 그게 쉽지는 않아서 조수석에 두었던 수건을 아예 무릎 위에 올려놓고 수시로 눈물을 닦았다.

내가 운전하면서 이만큼 운 적이 있나 생각해 봤지만 없었다. 무슨 일인지 기억은 정확히 안 나지만 눈물이 차오른 적은 있어도 잠깐이었다. 수건으로 닦아야 할 만큼 눈물을 흘리며 운전한 적은 처음이었다. 눈물 콧물 다 짜며 세 시간 반을 운전해서 겨우 집에 왔다. 다 울었다고 생각했는데 남편을 보고는 다시 더운 눈물을 쏟았다.

목이 잠긴 탓에 통화하기 어려워 문자로 도착 소식을 알렸다. "아빠, 저 도착했어요." 평소라면 전화해서 가는 길이 막히지는 않았는지 다정하게 물었을 아빠도 이 날은 문자로 답을 보냈다. "고생했다." 거실 CCTV 속 아빠는 소파에 앉아 핸드폰만 물끄러미 보고 있다.

야외 주차의 애환

 첫 차 스파크를 중고로 되팔 때, 가격을 매기기 위해 살던 아파트 지하 주차장으로 방문 견적을 신청했다. 중고차 업체 직원분이 오셔서 꼼꼼히 살펴보셨다. 그분은 체크리스트에 '지하에 주차해서 상태 좋음'이라고 쓰셨다. 그때는 지하 주차장이 그렇게 큰 장점인지 몰랐다. 주차장이 지하밖에 없어서 지하에 대는 것뿐인데 차를 팔 때 플러스 요인으로 작용하다니, 여하튼 좋게 봐주니 고마웠다.

 차를 팔고 아파트를 떠나 이사 온 곳은 마당이 있는 주택이다. 우리 땅 한 편에는 남편과 내 차를 댈 수 있는 주차장이 있다. 언제 어느 때든 완벽히 보장된 나만의 주차 자리가 있다는 건 매우 든든한 일이다. 주차 공간이 넉넉한 아파트여도 차가 두 대, 세 대 있는 집이 많고, 방문 차량도 있으니 밤에는 늘 자리가 부족했다. 그럴 때면 이중주차를 하거나 주차 공간이 아닌 곳에 눈치껏 대야 했다. 주택은 적어도 그런 일은 없다. 애초에 남편 차와 내 차를 주차할 공간이 마당에 있기 때문이다. 심지어 다용도실 문을 열면 바로 주차장이라 차에 짐을 싣고 내리기도 편하다. 한 발만 내디디면 내 차가 있으니 차를 타기 위해 엘리베이터를 기다리거나 계단을 이용하는 수고를 하지 않아도 된다. 집에서는 문콕 당할 일도 없으니 안심이다.

하지만 장점이 있으면 단점도 있는 법. 봄, 여름, 가을, 겨울 사계절이 있는 우리나라는 계절마다 기온 차가 크다. 우리 집 주차장은 가림막이 있는 곳이 아니어서 내 차와 남편 차는 1년 내내 날씨의 영향을 받는다. 봄, 가을은 선선하지만 30도가 넘는 한여름과 영하 10도를 넘나드는 한겨울 날씨는 밖에 세워 둔 자동차에도 큰 영향을 미친다.

한여름에는 차가 푹푹 찐다. 햇볕을 받아 달궈진 차

는 문을 열자마자 뜨거운 열기가 훅 쏟아져 나온다. 시트에 맨살이 닿으면 "앗, 뜨거워!" 소리가 절로 나온다. 낮 동안 창문을 열어 놓으면 공기가 순환돼 조금 낫지만 열린 창 사이로 모기나 사마귀가 나보다 먼저 들어와 있기도 한다(지난 여름 내 눈앞에서 에어컨으로 쏙 들어간 어린 사마귀의 행방을 여태 알지 못한다). 자리에 무사히 앉았으면 벨트를 해야 하는데 버클의 쇠 부분이 뜨끈뜨끈하다. 에어컨을 최대로 가동하고 차가 시원해지길 기다린다. 전날 깜빡하고 차에 두고 내린 군것질거리가 있다면 눈물을 머금고 버리거나 혹시 모르니 아이는 주지 않고 나나 남편이 먹는다. 높은 온도에 방치된 탓에 상했을까 걱정돼서다.

겨울엔 여름과 모든 게 정반대다. 공기압, 스포일러, 배터리 방전 같은 경고가 자주 뜨고, 시동 버튼을 눌러도 '우우웅' 하면서 몇 초가 지난 뒤에야 켜진다. 추운 날씨 탓이다. 앞 유리는 성에가 끼면 녹는 데 시간이 걸리므로 전날 저녁에 미리 앞 유리 가림막을 해 놓는다. 시간이 늦어 금방 녹을 줄 알고 급하게 출발했다가 앞 유리에 낀 성에가 녹지 않아 식겁한 적이 있다. 그날 이후 전날 가림막을 놓는다. 가림막을 깜빡한 날엔 미리 차 시동을 켜놓고 유리에 낀 성에가 녹으면 출발한다.

내 차는 핸들에 열선이 없는데 지하 주차장에 차를 댈 때는 이게 그렇게 중요한 옵션인지 몰랐다. 늘 일정한 온도와 습도를 유지하던 그곳에서는 핸들 열선을 써 본 적이 없다. 그러나 지금은 겨울이면 늘 생각나는, 없어서 아쉬운 옵션이다(왜 필요할 때는 없을까?). 겨울만 되면 핸들은 얼음도 아닌 것이 어쩜 이리 차가운지 제대로 잡기 힘들 정도다. 엉덩이 부분을 따뜻하게 해주는 '엉뜨'는 있으니 그나마 다행일까. 아쉬운 대로 엉뜨 버튼을 최대로 하고 장갑 낀 손으로 핸들을 잡는다.

날씨가 선선하고 좋은 계절인 봄, 가을에는 여름과 겨울에 겪게 되는 단점은 없지만 미세먼지와 송홧가루, 새똥의 위험이 도사리고 있다. 세차해도 금세 노르스름하게 송홧가루가 앉아 있거나 미세먼지 탓에 차가 옅은 회색 먼지로 덮인다. 새똥은 참 신기한 게 우리 집 주차장 위에 전기선이 지나가거나 나뭇가지가 있는 것도 아닌데 종종 차에 떨어져 있다. 봄이면 보라색 열매를 먹은 새의 보라색 똥도 자주 본다. 새들은 왜 굳이 내 차 위를 지나는 그 찰나에 똥을 쌀까. 하늘이 이렇게 넓은데 말이다. 산성이라 오래 두면 차가 부식될 수 있다기에 보면 바로 닦는 편이지만 오래되어 말라붙은 똥은 잘 닦이지도 않는다. 이럴 땐 물을 뿌려 불린 뒤에 닦아야 한다.

주택이라고 모두 이런 애로사항이 있는 건 아니다. 지하 주차장, 주차 박스가 있거나 가림막이 있는 곳들은 계절이나 날씨에 상관없이 쾌적할 것이다. 그런 집들의 차는 대체로 깔끔하게 유지된다. 반면 우리와 비슷한 상황의 집들은 내 차와 별반 다르지 않다. 계절마다 비슷한 모습으로 동네를 활보하는 꾀죄죄한 차들 사이에서 내 차 상태는 그리 크게 질타받을 정도는 아니다. 본연의 색을 잃은 채 흙과 먼지를 뒤집어쓴 우리는 서로 동질감을 느끼며 동네를 쏘다닌다.

다행인 건 창문을 녹일 것처럼 뜨거운 여름 더위도 에어컨을 켜면 사라진다는 점이다. 차는 집만큼 크지 않으니 에어컨의 찬 바람이 금세 가득 찬다. 또 우리 집 주차장은 점심이 지나면 그늘이 드니 아침 시간만 잘 버티면 여름은 괜찮다. 겨울엔 조금 부지런 떨어 전날 작업을 해 놓으면 다음 날 아침이 편하다. 다용도실 문 열고 몇 발짝 가서 앞 유리에 가림막을 하면 되니 어렵지 않다. 단점에 집중하면 단점만 보이고, 장점에 집중하면 장점이 보인다. 주택에 사는 동안은 장점에 집중해야겠다.

경계석을 들이받은 첫 사고

화창한 수요일이었다. 덥지도 않고 춥지도 않은 딱 좋은 가을 날씨. 한낮에는 따뜻하고 아침저녁으로는 쌀쌀해서 아이에게 어떤 옷을 입힐지 고민이 길어졌다. 그러다 아홉 시 반이 가까워졌다. 아이를 어린이집에 등원시키고 열 시까지 운동하러 가려면 서둘러 집을 나서야 했다. 보건소에서 하는 3개월짜리 근력 운동 수업을 신청해서 듣고 있었다. 수업을 듣는 곳은 옆 동네 양수리인데 차로 15분 정도 걸린다.

아이를 등원시키고 9시 50분쯤 건물 맞은편의 공영 주차장에 도착했다. 매번 주차하는 곳이라 망설임 없이 들어갔는데 웬일로 만차였다. 심지어 차들이 많아서 입구부터 이중 주차된 차가 줄지어 있었다(나중에 알고 보니 장날이었다). '어이쿠, 차 돌려서 옆 주차장으로 가야겠네' 수업 시간이 다가와 마음이 급했다. 안으로 더 들어가면 나오기 힘들어 보여 출입구 쪽 좁은 공간에서 차를 돌리기 시작했다. 영차영차 후진했다가 출입구 쪽으로 다시 전진하는데 '쿵' 하는 소리와 함께 차가 덜컹했다.

순간 모든 사고가 멈추고 몸은 얼음이 됐다. 내 앞과 뒤에는 나가려는 차들이 있어서 일단 바로 옆 주차장으로 갔다. '드드득' 하고 땅에 끌리는 소리가 났다. 무언가 단단히 잘못되었음을 직감했다. 여태 차를 두어 번 긁었는데 이번에도 그 정도이길 기대했다. '설마, 아닐 거야…, 그냥 긁은 거겠지, 그럴 거야.' 비어 있는 자리에 주차하고, 희망 회로를 돌리며 조심스레 차에서 내려 앞으로 갔다.

그곳엔 지금껏 보지 못한 모습이 펼쳐져 있었다. 앞 범퍼 오른쪽 부분이 떨어져 덜렁거리고 안개등이 깨졌다. 차를 돌리다 미처 보지 못한 경계석에 앞 범퍼의 오른쪽을 박은 모양이다. 만져 보니 물이 묻어났다. 호스도 끊어진 것이다. "하아." 길고 짧은 한숨이 쉴 새 없이 나왔다. 정신을 차리고 망가진 부분의 사진과 동영상을 찍었다. 가까이서도 찍고, 멀리서도 찍는데 속이 문드러졌다.

그때 마침 같이 운동하는 언니가 차 앞에 쪼그리고 있는 나를 멀리서 발견하고 인사했다. 2차선 도로를 사이에 두고 우리는 대화했다.

"진경 씨, 운동 안 가?"

"차를 방지턱에 박아서요. 범퍼가 내려앉았어요."

울상을 지으며 얘기했다. 정신이 없어서 경계석을 방지턱으로 말한 것도 한참 뒤에 알았다. 언니가 가고 나서 사진을 더 찍었다. 정비소를 찾아야 하는데 경황이 없어 머리가 멍했다. 미리미리 좀 찾아 놓을 걸 후회하다가, 내가 이럴 줄 알았나 한탄하다가, 매일 다니는 곳인데 경계석을 못 봐서 이런 사달을 만든 내가 싫어졌다. 기운이 빠져 밖에 서 있지 못하고 운전석으로 돌아와 앉았다.

운동할 때 먹으려고 가져온 물을 꺼내 마시고, 조금씩 정신을 차렸다. 일단 정비소를 찾자. 1킬로미터도 떨어지지 않은 곳에 큰 정비소가 있긴 했다. 다른 자동차 회사의 정비소였지만 전화해서 상황을 설명하니 수리할 수 있다고 하셨다(전화상이지만 매우 걱정해주셔서 감사했다). 일단 이곳으로 차를 입고시켰다. 꼼꼼히 보시더니 고칠 곳을 알려주셨다. 결론은 범퍼와 안개등, 호스 싹 다 교체. 아, 다시 쓸 수 없을 만큼 부서진 내 범퍼여! 안개등이라도 살릴 수 없을까 했지만 회복이 불가했다. 부품 가격을 알아보고 두 시간 뒤에 견적을 보내준다고 하셔서 차를 맡기고 나왔다.

근처 커피숍에 가서 자리를 잡고 앉았다. 이제 다음 할 일을 생각할 차례다. 견적이 내 생각보다 비싸게 나올 수 있으니 대안 1, 2를 찾자. 대안 1로 공식 서비스센터에 비용을 문의했다. 사진을 보내달라고 하셔서 전송하자 얼마 뒤 견적이 왔다. 대략적인 금액으로 들었는데 역시나 비쌌다. 대안 1 탈락!

이제 대안 2다. 중고차를 산 직후, 전체적인 점검을 위해 중고차 보험과 연계된 정비소에 갔었다. 큰 기대를 하지 않았는데 리뷰도 호평이 많고 실제로 가서도 좋은 인상을 받았다. 거기에 한번 연락해볼까 싶었다. 몇 년 전의 기억을 살려 전화했다. 대략적인 설명을 하고 혹시 비용이 어느 정도 나올지 여쭤봤다. 그곳의 대답은 칼

같았다.

"몰라요."

"네?"

"직접 와서 보지 않는 한 견적이 얼마 나올지는 몰라요."

목소리로 보아 몇 년 전에 뵌 중년의 사장님은 아니었다. 좀 더 젊은 분이셨는데, 언뜻 쌀쌀맞게 느껴지는 대답이 단순히 날카롭게 들리지는 않았다. 범퍼를 탈거하고 그 안까지 살펴봐야 정확한 진단이 나온다는 말이었다. 당황해서 할 말을 찾지 못하는 내게 상대방이 물었다.

"이 근처 사세요?"

정비소는 우리 집에서 40분가량 걸리는 곳이었다.

"아뇨, 경기도 양평 사는데요."

"근처로 가지 왜 여기로 와요?"

"예전에 간 적이 있는데 그때 잘 해주셔서요."

조금은 부드러운 목소리가 돌아왔다. 몇 가지 질문을 하고 답변이 오간 후 전화를 끊으려는데 상대방이 말했다.

"뭐 어떻게든 다 고치는 집니다. 너무 걱정하지 마세

요."

 견인차를 불러 대안 2에 입고시키는 방법이 추가됐다. 그사이 차를 맡긴 정비소에서 보낸 견적이 도착했다. 인터넷으로 찾아본 대략적인 금액과 비슷했다. 대안 2와 고민하다가 가까운 정비소에서 진행하기로 결정했다.

 보험접수를 위해 자동차 보험사에 전화했다. 보험사에 사고 접수하긴 생전 처음이었다. "제가 경계석을 박아서 차가 망가져서요"로 시작된 통화는 간결하게 끝났다. 가해자와 피해자가 동일하고, 다른 피해 본 사람이나 기물 파손 없이 일어난 사고라 그런 것 같다. 상담사와 통화를 마친 뒤 알림이 왔다. 정비소에 사고 접수번호를 알려주고, 내용을 살펴보는데 '확정 과실: 100%'라는 문구가 눈에 띄었다. 다툼의 여지없이 그저 순도 100퍼센트의 내 잘못이라는 뜻이다. '100'이라는 숫자가 내 마음을 쑤셨다.

 주위에서 이제 운전이 조금 편해졌다고 하면 다들 그때가 제일 위험한 시기라는 말을 했다. 내 이야기는 아니라고 웃어넘겼는데 이렇게 몸소 증명할 줄이야. 심지어 매일 오는 곳에서 첫 사고를 내다니 옛말 틀린 거 하나 없구나 싶었다.

    남편에게도 사고 소식과 진행 과정을 알렸다. 매번 내 글의 소재가 되어 억울함이 쌓이던 남편은 이때다 싶었는지 자신의 SNS에 나의 첫 사고를 널리 널리 알렸다. 누구 피해준 것 없고, 다친 사람 없으니 다행이라나. 뭔가 찜찜함이 남는 위로지만 그래, 사람 안 다쳤고, 시설물을 파손한 것도 아니니 그것만으로도 참말 감사한 일이다. 여러 군데 전화하느라 배터리가 다 되어 전화기는 꺼지고, 버스를 타고 집으로 가는 길은 멀었다. 길고 고된 하루였다.

일주일을 뚜벅이로 살아 보니

　뚜벅이가 당연하던 시절이 있었다. 어디든 대중교통으로 가고, 튼튼한 내 두 다리에 의지해 걸어 다니던 시기. 지금은 필수인 차가 그때는 옵션이었다. 운전하고 다닌 시간보다 이렇게 걸어 다닌 시간이 훨씬 긴데 차에 적응한 지금은 차가 없으면 불편하다. 2024년에는 차 수리 때문에 4월 말과 10월에 며칠을 꼼짝없이 걸어 다녀야 했다. 4월 말에는 남편이 후진하다 전봇대를 박아서 차를 수리하는 데 일주일 정도 걸렸다. 매일 서울로 출근하는 남편은 일주일 동안 내 차를 타고 다녔다.
　덕분에(?) 아이와 나는 그 기간을 꼬박 걸어 다녔다.

요즘 너무 안 걸었으니 이참에 운동한다고 생각해야지, 하다가도 잘못은 남편이 했는데 불편은 왜 내가 감수해야 하나 한 번씩 화가 났다. 하지만 회사까지 차로는 40분, 대중교통으로는 편도 두 시간이 걸려서(경의중앙선의 드넓은 배차 간격이 원인이다) 어쩔 수 없었다. 그래도 남편이 출근 시간을 늦춰 아이 등원은 시키고 가니 다행이었다. 줌바 수업을 들으러 걸어서 면사무소에 가고, 아이 하원 시간에 맞춰 어린이집에 가서 아이를 데리고 다시 집으로 걸어왔다. 장도 백팩을 메고 걸어가서 봤다. 여행 가서도 이렇게 안 걸었던 것 같은데 당시 나의 걸음 수는 역대 최고 기록이었다.

  동네를 쉴 새 없이 쏘다니다 보니 면사무소 앞을 지나는 모습을 봤다는 둥, 편의점에서 나라 잃은 표정으로 아이와 앉아 있는 것을 봤다는 둥 여기저기서 제보가 들어왔다. 차는 어디 두고 걸어 다니는지 묻기에 남편 보호차 몇 명에게만 소식을 전했다. 그리고 우리 집 나팔수도 소임을 다했다. 아이는 어린이집에서 아빠가 전봇대를 박았다고 친구들과 선생님께 쉴 새 없이 말하고 다닌 모양이었다. 좁은 동네에 소문은 빠르게 퍼졌다. 남편은 가까이 사는 지인분에게 "차 수리 중이라면서요?"

하는 전화를 받았다. 그날 저녁 퇴근해 집에 돌아와서는 동네에 소문을 다 내고 다니냐며 섭섭한 티를 냈다. 난 사실을 말했을 뿐이라고 하니 사실대로 말하면 안 된다나.

그리고 정확히 6개월 뒤, 이번엔 내 차례였다. 경계석을 들이받아 망가진 범퍼를 고치느라 받은 나의 첫 보험수리. 상반기에 이어 하반기에도 잊을 만하면 찾아오는 뚜벅이 주간이었다. 차의 소중함을 일깨워주려고 이렇게 주기적으로 한 번씩 시련을 주시는가 생각이 들었다. 그나마 다행이라면 날씨가 좋은 봄, 가을이라 걷기 나쁘지 않았다는 것이다. 상반기의 경험 덕분인지 10월에는 맷집이 생겼다.

이번에도 열심히 걸어 다녔다. 오랜만에 강제로 며칠 걸으니 옛날 생각도 나고 몸도 튼튼해지는 것 같았다. 아침저녁으로 동네 구경하는 재미도 있고 운동도 많이 됐다. 차를 타면 빠르게 지나가서 주변을 스치듯 보는 게 전부인데 느리게 가는 만큼 보이는 게 많았다. 동네에 새로 생긴 빨래방도 구경하고 미용실 안도 흘깃거린다. 장도 최소한만 봐서 들고 왔다.

아이 어린이집은 걸어서 다니거나 주변의 도움을 받

았다. 하루는 비가 많이 와서 어린이집 통학버스에 그날만 하원을 부탁드렸다. 친절하신 빠방 선생님이 집 앞까지 와주셨다. 안에 타고 있던 하원 지도 선생님이 아이를 내려주시며 다정하게 물었다. "어머님, 차 범퍼가 망가지셨다면서요?" 아차, 잊고 있던 우리 집 나팔수가 생각났다. 이번에도 자기 역할을 톡톡히 해낸 나팔수는 흡족한 표정으로 어린이집 차에서 내렸다. 집에 들어와 아이를 추궁했다. 누구누구한테 말했냐고 물으니 일단 자기 반 친구들한테는 모두 알렸다고 자랑스레 대답했다. 엄마가 경계석을 박아서 차가 박살났다고. "그래, 우리 아들 그랬구나…." 얼굴은 웃었지만 속이 쓰렸다.

4일 뒤인 토요일, 수리가 다 끝났다는 전화를 받고 아이와 함께 정비소로 차를 찾으러 갔다. 남편이 출근한 토요일이라서 버스를 타고 가기로 했다. 집에서 10분 정도 걸어 내려와 버스정류장에 도착했다. 3분 차이로 앞차를 보내고 20분 뒤에 있다는 다음 버스를 기다렸다. 그런데 시간표에는 있는 버스가 안 오는 게 아닌가. 물어보니 주말이라 이 버스는 쉬고 20분 뒤에 다음 버스가 온다고 한다. 정류장에서 40분을 기다려 버스를 탔다.

오랜만에 버스를 타니 시야가 넓고 탁 트여 경치 구경하기 좋았다. 이제 막 단풍이 들기 시작하는 가로수와 운전할 때는 잘 보지 못했던 북한강도 실컷 구경하고, 아이와 밖을 보며 도란도란 이야기했다. 15분 정도 버스를 탄 뒤 내려서 10분을 걸어가면 목적지인 정비소가 나온다. 오랜만에 버스 타니 좋네, 싶다가도 운전하면 15분이면 올 곳을 한 시간이나 걸려서 오다니 무슨 고생인가 싶기도 했다. 수리를 마치고 말끔해진 차를 만나니 그리 반가울 수가 없었다.

한순간의 실수로 큰 지출이 생겨 타격이 크지만 앞 범퍼를 새로 교체했더니 내가 긁고, 남이 긁은 두 개의 흠집이 사라져 새 차 같았다. 예전에 흠집이 신경 쓰여 자비로 고칠까 고민했을 때 남편은 범퍼라 어차피 또 긁을 텐데 그냥 타라고 했었다. 야속했지만 그 말이 맞았다. 이렇게 대차게 사고 쳐서 완전히 교체할 줄은 미처 몰랐지. 그때 돈 들여 고쳤으면 얼마나 아까웠을까. 새 차로 탈바꿈한 모습을 보며 위안을 얻는다.

돌아오는 길은 아이와 함께 멀끔히 수리된 내 차를 타고 운전해서 왔다. "엄마, 갈 때는 버스 안 탈 거야?" 아이는 아직 버스에 미련이 남은 듯 보였지만 다음을 기약했다. 오는 길에 마트에 가고, 빵도 사고, 촘촘히 볼일을 보며 편하게 왔다. 버스를 탔으면 여기저기 들르기 힘들어 바로 집에 왔을 텐데 새삼 차의 소중함을 깨달았다. 건강을 위해 걷는 건 좋지만 내 의지가 아닌 이유로 걸어 다니는 일은 그만 만들고 싶다. 그래도 만약 그런 일이 다시 생긴다면, 그땐 우리 집 나팔수 입단속부터 해야겠다.

밤 운전은
피하고 싶지만

내 차는 선팅이 너무 짙다. 낮에만 다녀서 잘 모르다가 밤 운전을 한 날 알았다. 당시 남편이 운전 중이었는데 뒤에 앉아 있던 나는 창문을 내리다가 깜짝 놀랐다. 차 안에서는 밖이 깜깜한 한밤중이었는데 창문을 여니 그 정도로 어둡지는 않았다. 내 말을 듣고 남편도 운전석 창문을 열었다. 아직 훤한 밖을 보며 남편이 말했다.

"밖에 밝잖아? 안 그래도 밤도 아닌데 왜 이렇게 어둡나 했네."

선팅이 짙으면 장단이 있는데 낮에는 주로 장점으로 작용한다. 밖에서 안이 안 보이고, 강한 햇빛을 막아주기 때문이다. 볼일을 보러 나갔다가 시간이 남으면 시동을 끄고 차 안에 머물곤 한다. 한여름에는 너무 덥고, 한겨울에는 추워서 차에 있기 어렵지만 봄가을에는 선선하니 좋다. 시동을 끄면 안에 사람이 있는지 모르니 편하게 있을 수 있다. 시트를 뒤로 젖히고 잠깐 눈을 붙이거나 책을 읽는다. 이런 때를 대비해 내 차에는 항상 두세 권의 책이 있다.

운전자 식별이 불가능하다는 장점도 있다. 걱정 많고 겁 많은 나는 혹시나 시비가 붙을 수 있는 상황에서 내가 여자 운전자임을 굳이 드러내고 싶지 않다. 조금 이상하다 싶으면 넘겨짚어 얘기하는, 여자라 운전을 저렇게 한다는 편견 가득한 말도 듣고 싶지 않다. 그런 면에서는 짙은 선팅이 도움 된다. 차에 탄 사람이 안 보이니 적어도 운전자의 성별을 운운하는 말은 안 들을 수 있으니까.

또 해가 덜 들어오니 강한 자외선을 조금이나마 막아준다. 귀찮기도 하고 자주 깜빡하기도 해서 선크림을 안 바르는 날이 많다. 얼굴도 안 바르는데 팔은 바를쏘냐. 왼쪽 얼굴과 팔, 손등으로 따가운 햇볕이 들어오면 '그래도 선팅이 짙어서 이 정도만 들어오는 거야' 생각한다. 이럴 때 짙은 선팅은 믿는 구석이 된다(믿음과 달리 잡티는 매년 늘고 있지만).

반대로 짙은 선팅은 밤이 되면 안에서 밖이 안 보이는 단점으로 변신한다. 실제보다 밖을 더 어둡게 만들기 때문이다. 시력이 나쁜 나는 저녁이 되면 눈이 급속도로 침침해진다. 빛 번짐도 있어서 밤에는 운전 자체를 안 하려고 한다. 저녁까지 밖에 있는 일도 드물지만 외출했어도 해가 지기 전에 집으로 돌아온다. 하지만 사람이 계획대로 살 수는 없는 법. 게다가 겨울엔 해가 짧아져서 다섯 시만 되면 껌껌하지 않은가. 서둘러 일을 봐도 해 지는 시간을 못 맞출 때가 있다.

그런 날은 눈을 부릅뜨고 정신을 집중해서 운전대를 잡는다. 가뜩이나 어두운데 선팅이 더해져 눈에 보이는 건 칠흑 같은 어둠뿐이다. 다른 차들은 어둠을 뚫고 쌩쌩 잘만 달리는데 나만 비틀대는 것 같다. 사이드미러도 어두운 탓에 잘 안 보이니 차선 변경은 되도록 하지 않는다. 낮이었으면 추월했을, 천천히 가는 앞차를 만나도 군말 없이 그 뒤를 따라간다. 오히려 앞에 참고할 차가 있으니 다행이라고 여기며.

어둠 속에서 긴장하다 보니 밤 운전은 정말 피하고

싶다는 생각이 든다. 하지만 내가 피하고 싶은 게 밤 운전뿐인가. 비 오는 날도 피하고 싶고, 눈 오는 날도 피하고 싶다. 혹시라도 사고가 날까 봐서다. 그러다가도 막상 궂은 날씨에 걸어 다닐 생각을 하면 그것도 아니다 싶다. 걷기 힘든 날 편하게 다니려고 차를 타는 게 아닌가. 다만 그 차가 선팅이 조금, 아니 꽤 많이 짙다는 단점이 있긴 하지만. 내가 밤 운전을 꺼리는 이유를 알고 남편이 선팅을 바꾸자고 권했다. 그 말을 듣고 바꿀까 싶다가도 멀쩡한 선팅을 벗기고 새로 하자니 아까워서 망설여진다. 밤에 자주 운전하면 바꾸겠는데 몇 번 안 하니 선택이 어렵다.

다행인 건 운전 실력이 나아져서인지 처음보다는 짙은 선팅에 적응이 됐다는 사실이다. 밤에 나갈 일을 아예 안 만들고 밤 운전은 피하기 바빴는데 지금은 밤에 나가야 하면 어쩔 수 없지, 하며 차 키를 챙긴다. 급히 지방 장례식장에 갈 일이 생겨 밤에 혼자 고속도로를 타고 두 시간 반을 달리기도 했다. 환한 낮과 달리 깜깜한 밤에는 다들 조심하는 분위기여서 안전거리를 넉넉히 유지하며 갔더니 생각보다 수월했다. 이날을 계기로 밤 운전에 대한 두려움이 옅어졌다.

선팅을 바꿀까는 여전히 고민이지만 일단은 그냥 타고, 밤에 자주 나갈 일이 생기면 그때 바꾸기로 했다. 남편은 내 차를 참고삼아 새로 산 자신의 전기차에는 약한 선팅을 했다. 밤에 잘 보여서 좋은데 생각보다 내부가 잘 들여다보여서 당황한 모양이다. "조금 더 진하게 할 걸 그랬나?" 후회하는 소리를 들었다. "똑같은 차종이 많아서 구별이 쉽지 않은데 네 차는 100미터 밖에서도 네 얼굴이 보이더라." 나는 직접 관찰한 사실을 바탕으로 감상을 말해줬다. 별로 기뻐하는 것 같지는 않다. 짙어서 문제인 내 차와 옅어서 문제인 남편 차를 합치면 참 좋을 텐데 말이다.

빨간 스포츠카의 유혹

내 생애 첫 스포츠카는 고등학생 때 타본 은색 '투스카니'였다. 형부 친구가 형부를 만나러 왔을 때 타고 왔다. 매주 일요일이면 우리 가족은 가까운 온천으로 목욕하러 갔는데 형부 친구가 투스카니로 목욕탕까지 데려다줬다. 이 차는 문이 두 개여서 뒷자리로 가려면 앞 좌석을 접고 넘어가야 했다. 뒷자리가 생각보다 좁아서 꾸깃꾸깃 몸을 접고 목욕탕까지 20여 분을 갔다. 목적지에 도착해 다시 앞좌석을 통해 내렸다. 몸을 너무 접고 있던 탓에 입고 있던 청바지가 무릎 부분만 늘어나 당황했던 기억이 난다. 멋진 차였지만 목욕갈 때 타는 차는 아니구나 싶었다.

  결혼하고 서울에 살 때 동네에 빨간 스포츠카가 있었다. 문이 두 개이고, 앞이 길쭉한 모양이었다. 차종을 궁금해하는 내게 남편은 BMW의 Z3 컨버터블 모델이라고 알려줬다. 2002년에 단종된 오래된 모델로 뚜껑이 열리는 오픈카였다. 당시 나는 스포츠카라고 하면 '부우웅' 하는 요란한 배기음과 거침없는 운전이 떠오르면서 어딘가 발랑 까진(?) 사람이 탈 것이라는 공고한 선입견을 품고 있었다.

  조용한 동네에서 유독 눈에 띄는 차를 보며 주인이 누구일까 궁금했다. 그 뒤로 그 차가 지나가면 시야에서 사라질 때까지 하염없이 바라보기 시작했다. 우연히 같은 방향으로 갈 때도 있었지만 사람이 타고 내리는 건 보지 못했다. 그럴 때면 나는 상상의 나래를 펼쳤다. "왠지 건실한 젊은이일 것 같아." "아니다. 아직 정신 못 차린 젊은이려나." 수시로 바뀌는 나의 기막힌 추리에 남편은 동참하지 않았지만 빨갛고 예쁜 차를 보는 것만으로 즐거웠다.

  그러던 어느 날 궁금증이 풀렸다. 따뜻한 봄날, 차 뚜껑을 열고 지나가는 그 차를 만난 것이다. 뚜껑 없이 다가오는 차를 멀리서 본 순간 가슴이 두근거렸다. 과연 누가 타고 있을까? 눈을 크게 뜨고 지켜봤다. 틀림없이 어떤 젊은이가 타고 있겠지 싶어 기다리는데 정작 빨간색 스포츠카 안에 있던 사람은 백발의 할머니와 할아버지였다. 할머니가 운전하고, 할아버지는 조수석에 앉아 계셨다. '내가 잘못 봤나?' 싶어 뒤돌아서 다시 봐도 하얀 머리를 보니 노인 두 분이 맞는 것 같았다. 그리고 얼마 뒤 편의점 앞에 주차된 그 차를 또 봤다. 편의점에서 두 분이 나오더니 할머니가 운전석에 앉고, 할아버지는 조수석으로 향했다.

근사한 차의 주인은 백발이 성성한 할머니와 할아버지였다. 심지어 운전은 할머니가 한다. 그러고 보니 스포츠카치고 천천히 달렸던 것 같다. 요란한 배기음도 없고 매번 규정 속도를 지키며 느긋하게 동네를 다니던 차. 여러 지점에서 나는 그 차와 차주에게 홀딱 빠졌다. 스포츠카는 젊은 층이 많이 탄다고 생각했는데 할머니와 할아버지가 타는 빨간 스포츠카라니! 예상치 못한 조합이 신선한 충격이었다. 멋진 두 분의 모습에 나도 나이 들면 꼭 스포츠카를 타리라 다짐했다. 당시엔 장롱면허라 운전도 안 하던 때인데 죽기 전에 언젠가는 운전을 시작해야겠다고 생각했다. 멋진 스포츠카를 타는 내 모습을 상상하며 흐뭇한 미소를 지었다.

시간이 흘러 직접 운전하게 됐지만 스포츠카는 요원해 보인다. 아이를 태우기 위해서는 뒷자리에 카시트를 설치해야 하니 2인용 차는 탈 수 없다. 뒷자리까지 있어야 한다. 뒷자리가 있는 오픈카도 있지만 막상 탈 기회가 주어져도 망설일 것 같다. 사계절이 뚜렷한 우리나라에서 뚜껑 열고 다닐 날이 며칠이나 될까 싶어서다. 여름엔 덥고, 겨울엔 추울 텐데. 그리고 터널을 지나거나 미세먼지 심한 날은 안 좋은 공기를 바로 마실 텐데 그것도 걱정이다. 무엇보다 조금 부끄럽다. 내성적인 나는 주목 받거나 시선이 집중되는 걸 못 견디는데 뚜껑이 날아간, 반만 있는 차를 잘 탈 수 있을까.

그래도 내 안의 욕망이 완전히 없어지지는 않았다. 지금은 시기상조지만 죽기 전에 한 번은 저런 차를 타보고 싶다. 육십 살이 되면 부끄러움이 줄어들지 않을까 해서 예순을 기점으로 삼고 있다. 아이도 그땐 컸을 테니 카시트 따윈 필요 없다. 육십까지는 20년이 남았으니까 그전에 미리 준비해야지. 각종 스포츠카를 검색하며 멋지게 운전하는 내 모습을 상상한다. 옆자리에는 누굴 태울까? 남편일까? 그건 모르겠다. 빨간 Z3 할머니처럼 옆에 항상 '같은' 할아버지를 태울지 아니면 매번 '다른' 할아버지를 태우는 할머니가 될지는.

에필로그
그날의 운전을 복기하며

어느새 운전 5년 차에 접어들었다. 체감은 한 2년밖에 안 된 것 같은데 시간이 빠르다. 5년 차에 이 정도밖에 못하냐고 할까 봐 누가 운전 연수를 물어보면 '아직 초보'라고 대충 얼버무린다. 그래도 '서당 개 삼 년이면 풍월을 읊는다'라는 말이 있듯이 5년 차가 되니 상황에 맞게 경적 정도는 잘 울리는 운전자가 됐다.

1년 차에는 밖에 나갔다 오면 어떻게 돌아왔는지 기억나지 않았다. 도대체 무슨 정신으로 내가 바퀴 달린 이 큰 쇳덩어리를 움직였는지 모를 정도로 정신이 없었다. 잠깐의 운전에도 겨드랑이는 땀으로 흥건하고, 목은 바싹바싹 탔다. 주차한 뒤 시동을 껐는지 가물가물해 확인하러 다녀오기도 수차례. 운전이 두렵고, 하기 싫었다. 하지만 이왕 칼을 뽑았으니(차를 사고, 운전 연수받느라 들어간 돈과 노력이 자꾸 내 발목을 잡았다) 꾸역꾸역했다. 2년 차에는 다음 날 운전할 생각에 전날 밤부터 시름시름 앓던 증상이 사라졌다. 정확한 날짜는 기억 안 나지만 어느 순간 그렇게 됐다. 3년 차에는 운전이 조금씩 할 만하다고 생각됐다. 이때 초보 운전 스티커를 뗐다. 4년 차에는 숙원 사업이던 친정에 내려가는 데 성공했다. 그리고 지금은 내가 필요한 곳은 편하게 다니는 정도로 발전했다.

5년에 걸쳐 나아진 내 모습이 남들에게는 한없이 느리게 보일지도 모르겠다. 차를 사자마자 강원도에 갔다는 친구, 고속도로를 타고 부산으로 향한 선배, 서울을 횡단한 동기의 이야기는 내게 전설로 남아 있다. 그들에 비하면 난 정말 지난한 과정을 거쳤다. 그래도 포기하지 않고 매일 조금씩 하다 보니 운전이 늘었다. 평생 초보로 살 줄 알았는데 동네에서만큼은 '중보'쯤 되는 것 같다. 전설들은 이미 내가 따라잡을 수 없을 정도로 성장해 격차는 더 벌어졌지만 나는 지금 이 정도도 매우 만

족스럽다.

등 떠밀리듯 운전을 시작하지 않았다면 나는 아직도 장롱면허로 살고 있었을 것이다. 그렇다면 혼자 차를 타고 갈 때의 아늑함과 편리함을 영영 모르고 지냈을 테다. 그날그날 날씨와 기분에 맞춰 차에서 들을 음악을 신중히 고르고, 가끔 아이와 큰 소리로 노래를 따라 부른다. 날씨가 좋을 때는 창문을 내리고 바람을 맞고, 비가 오면 빗속을 운치 있게 달리는 낭만도 즐긴다. 운전 덕에 생긴 즐거운 순간들이다.

가끔 위험한 상황이 있던 날에는 운전이 두렵기도 하다. 밤에 자려고 누우면 그 장면이 생생히 떠오른다. '아까 내가 조금만 빨랐으면', '옆을 늦게 봤다면' 하고 시작된 상상은 브레이크 없이 끝을 향해 달린다. 운전대를 잡지도 않았는데 괜히 손에 힘이 들어가고 가슴이 콩닥거린다. 그럴 때면 마음을 다잡는다. 내일은 내일의 운전이 있으니 똑같은 실수를 되풀이하지 말자고 다짐하고 오늘 일은 배울 점만 남기고 잊는다. 운전은 단순히 차를 움직이는 것을 넘어 나를 단련시키는 고마운 존재이기도 하다.

차에 관련된 이야기를 쓰다 보니 시간을 거슬러 부모님의 젊은 시절을 자주 마주했다. 어릴 때부터 차를 타고 여기저기 많이 데려다준 부모님께 감사하다. 아내를 운전자로 만들기 위해 오랜 시간 노력한 남편 성일과 우리 집 나팔수 지우에게도 고맙다. 셋이 함께 차를 타고 바깥 풍경을 구경하며 어딘가로 가는 일은 늘 즐겁다. 울산으로 가는 일곱 시간 중 겨우 두 시간을 운전해 놓고 "어머니, 오늘은 제가 운전해서 왔어요" 말하는 며느리를 장하다고 칭찬해주는 시어머니께도 감사하다.

  부족한 초보 운전자를 배려해준 이름 모를 수많은 분께도 감사의 말을 전한다. 도로에서 만나는 모든 분의 안전을 기원하며 주문을 외친다.

  오늘도 무사히!

난생처음 운전

초판 1쇄 발행 2025년 4월 24일
초판 2쇄 발행 2025년 4월 30일

지은이 김진경
펴낸이 유성권

편집장 윤경선
책임편집 조아윤 **편집** 김효선
홍보 윤소담 **디자인** 박채원
마케팅 김선우 강성 최성환 박혜민 김현지
제작 장재균 **물류** 김성훈 강동훈

펴낸곳 ㈜이퍼블릭
출판등록 1970년 7월 28일, 제1-170호
주소 서울시 양천구 목동서로 211 범문빌딩(07995)
대표전화 02-2653-5131 **팩스** 02-2653-2455
메일 tiramisu@epublic.co.kr
인스타그램 instagram.com/tiramisu_thebook
블로그 blog.naver.com/tiramisu_thebook

* 이 책은 저작권법으로 보호받는 저작물이므로 무단 전재와 복제를 금지하며, 이 책 내용의 전부 또는 일부를 이용하려면 반드시 저작권자와 ㈜이퍼블릭의 서면 동의를 받아야 합니다.
* 잘못된 책은 구입처에서 교환해드립니다.
* 책값과 ISBN은 뒤표지에 있습니다.

티라미슈 은 ㈜이퍼블릭의 인문·에세이 브랜드입니다.

~~ editor's letter

사실 저는 운전을 하지 않아요. 이유는 이 책에 나온 내용과 동일합니다. 딱히 필요지 않았던 거죠. 그런데 책을 읽고 생각이 바뀌었습니다. 다 큰 어른이 되어 만나는 새로운 세상이라니, 설레지 않나요?